Inhalt

Reformation

Autor: Harald Scheufler

Absolutismus

Autor: Harald Scheufler

Der **Autor**:

Harald **Scheufler** ist Realschullehrer für die Fächer Geschichte, Erdkunde und Sport. Seit 2013 ist er ausgebildeter Klippert-Trainer für das Thema „Lernförderung in heterogenen Klassen".

Lerneinheit 1: Reformation

Der Lern- und Arbeitsprozess

A Vorwissen und Voreinstellungen aktivieren

LS01 **Ein Ablass in der Schule**
▶ Zettelabfrage: Einschätzungen notieren ▶ Einschätzungen mit Zufallspartner besprechen ▶ in Zufallsgruppen Statements erarbeiten ▶ Einschätzungen und Folgen im Plenum präsentieren ▶ Folgen gewichten ▶ eigenes Statement erstellen und dem Plenum vorstellen

B Neue Kenntnisse und Verfahrensweisen erarbeiten

LS02 **Der Zustand der Bevölkerung, des Reiches und der Kirche um 1500**
▶ einen Sachtext lesen und markieren ▶ einen Spickzettel in der Stammgruppe erstellen ▶ Ergebnisse in der Expertengruppe präsentieren ▶ eine gemeinsame Präsentation in der Expertengruppe erstellen ▶ ausgeloste Tandems präsentieren im Plenum ▶ eine schriftliche Zusammenfassung formulieren

LS03 **Luther und seine 95 Thesen – einen Lehrervortrag erschließen**
▶ einen Lehrervortrag hören und stichpunktartige Notizen dazu machen ▶ klärende Gespräche in Vierergruppen führen ▶ Notizen strukturieren ▶ Lehrervortrag im Doppelkreis nacherzählen ▶ Aufzeichnungen verbessern und ergänzen ▶ einzelne S präsentieren im Plenum ▶ ein Arbeitsblatt zum Thema bearbeiten

LS04 **Martin Luthers Leben – eine Internetrecherche durchführen**
▶ Überblick über eine geeignete Internetseite verschaffen ▶ beispielhafte Suchaufgaben recherchieren ▶ Aufgaben in der Gruppe klären ▶ Recherche in Einzelarbeit durchführen ▶ Ergebnisse in der Gruppe dokumentieren und visualisieren ▶ ausgeloste Gruppen präsentieren ihre Lernprodukte

LS05 **Luther vor dem Kaiser in Worms 1521**
▶ einen Informationstext lesen und markieren ▶ klärende Gespräche mit dem Sitznachbarn führen ▶ unterschiedliche Aufgaben zum Text in Dreiergruppen bearbeiten ▶ Ergebnisse im Plenum präsentieren ▶ Basisfragen zum Text in Einzelarbeit erstellen ▶ Abschließendes Klassenquiz durchführen

LS06 **Einen Film über Martin Luther auswerten**
▶ den Film „Luther" ansehen ▶ gezielte Notizen mithilfe von Beobachtungsaufgaben machen ▶ Filmnotizen in der Gruppe auswerten und einen Spickzettel erstellen ▶ Filminhalt in der Expertengruppe wiedergeben ▶ wichtigste Informationen in der Expertengruppe visualisieren ▶ ausgeloste Gruppen präsentieren Ergebnisse im Plenum ▶ Arbeitsblatt bearbeiten

LS07 **Der Augsburger Religionsfrieden und die Folgen**
▶ Sachtext lesen und markieren ▶ Unverstandenes klären und Fragen besprechen ▶ eine Mindmap in der Gruppe erstellen ▶ ausgeloste Tandems präsentieren Ergebnisse ▶ Museumsrundgang zur Betrachtung aller Mindmaps durchführen

LS08 **Reformation heute – Unterschiede und Gemeinsamkeiten der beiden Konfessionen**
▶ Zettelabfrage und anschließende Auflösung ▶ Sachtext lesen, markieren und einen Spickzettel erstellen ▶ Unklarheiten mit einem Partner besprechen ▶ Vorträge in der Gruppe halten ▶ eine Tabelle erstellen ▶ ausgeloste Tandems präsentieren Ergebnisse

C Komplexe Anwendungs- und Transferaufgaben

LS09 **Der große Preis – ein Klassenquiz**
▶ Fragekärtchen mit Antworten entwerfen ▶ Fragen nach Schwierigkeitsgrad ordnen ▶ L erklärt das Klassenquiz und teilt Klasse in zwei Gruppen ein ▶ Klassenquiz durchführen

Lerneinheit 2: Absolutismus

Der Lern- und Arbeitsprozess

A Vorwissen und Voreinstellungen aktivieren

LS01 **Der Absolutismus – eine Begriffsbestimmung**
▶ Bild betrachten: Murmelphase ▶ Sachtext lesen und markieren ▶ Unverstandenes klären und Fragen besprechen ▶ Spickzettel erstellen ▶ Kurzvorträge im Doppelkreis halten ▶ Fragen zum Text formulieren ▶ Quiz im Plenum spielen

B Neue Kenntnisse und Verfahrensweisen erarbeiten

LS02 **Das Schloss Versailles und der Alltag Ludwigs XIV. – ein Interview durchführen**
▶ einen Sachtext lesen und markieren ▶ Fragen und Antworten für die Experten- und Reportergruppen vorbereiten ▶ Interview durchführen ▶ Interview in Zufallsgruppen reflektieren ▶ einen Zeitungsbericht über das Interview in Partnerarbeit verfassen ▶ ausgeloste Tandems präsentieren im Plenum

LS03 **„Der Staat bin ich" – vier Säulen der absolutistischen Herrschaft**
▶ Sachtext lesen und Fragen dazu notieren ▶ klärende Gespräche in textgleichen Trios führen ▶ Leitfaden für die Präsentation erstellen ▶ Vorträge in Expertengruppen halten ▶ frei wählbares Lernprodukt erstellen ▶ ausgeloste Tandems präsentieren im Plenum

LS04 **Der Merkantilismus – ein neues Wirtschaftssystem**
▶ ein Schaubild sondieren ▶ Fragen und Unklarheiten in Gruppen klären ▶ Vorträge im Doppelkreis halten ▶ in neuen Tandems Schaubild zum „sprechen" bringen ▶ einzelne S präsentieren im Plenum ▶ einen Zeitungsartikel verfassen

LS05 **Die Ständegesellschaft – ein semi-aktives Rollenspiel**
▶ Sachtext lesen und markieren ▶ mit Sitznachbarn Fragen besprechen ▶ Spickzettel erstellen ▶ Vorträge in Dreiergruppen halten ▶ gemeinsamen Spickzettel in der Dreiergruppe erstellen ▶ ausgeloste S präsentieren im Plenum ▶ einen Beschwerdebrief verfassen

LS06 **Bilanz einer langen Herrschaft – eine Debatte zur Politik Ludwigs XIV. führen**
▶ Sachtext lesen und markieren ▶ Argumentationshilfen in Pro- und Kontragruppen erstellen ▶ Debatte durchführen ▶ Debatte in den Ausgangsgruppen reflektieren und nachbesprechen ▶ erneute Debatte mit neuen Vertretern durchführen ▶ Debatte in Form einer lehrergelenkten Aussprache nachbesprechen

LS07 **Aufklärung – Was ist das ?**
▶ Sachtext lesen und markieren ▶ in Partnerarbeit klärende Gespräche führen und markierte Informationen strukturieren ▶ ein Tafelbild/Schaubild in Vierergruppen erstellen ▶ Ergebnisse im Plenum präsentieren ▶ L stellt eigenes Tafelbild vor ▶ schriftlich Fragen auf vogegebene Antworten zum Sachtext formulieren ▶ Lösungen im Plenum besprechen

LS08 **Friedrich II. – aufgeklärter Absolutismus in Preußen**
▶ Sachtext lesen und Aufgaben zum Text arbeitsteilig bearbeiten ▶ Fragen in Partnerarbeit klären ▶ eine Übersichtsfolie in Gruppen erstellen ▶ Folien in Zufallsgruppen präsentieren ▶ ausgeloste Tandems präsentieren Lernprodukte im Plenum ▶ Arbeitsblatt in Einzelarbeit ausfüllen

C Komplexe Anwendungs- und Transferaufgaben

LS09 **Vorbereitung der Klassenarbeit – ein Arbeitsblatt erstellen**
▶ Unterrichtsstoff der Lehrplaneinheit sondieren ▶ Fragen und Aufgabenstellungen im Tandem formulieren ▶ Aufgabenstellungen mit neuen Partnern beraten ▶ Aufgabenset in Gruppen vervollständigen ▶ Arbeitsblätter in Einzelarbeit gestalten ▶ Arbeitsblätter erproben und reflektieren

Abkürzungen und Siglen

LS = Lernspirale
LV = Lehrervortrag
EA = Einzelarbeit
PA = Partnerarbeit
GA = Gruppenarbeit
PL = Plenum
HA = Hausarbeit/Hausaufgabe
L = Lehrerin oder Lehrer
S = Schülerinnen und Schüler

In den Erläuterungen zur Lernspirale wird für Lehrerinnen und Lehrer bzw. Schülerinnen und Schüler ausschließlich die männliche Form verwendet: Dabei ist die weibliche Form stets mitgemeint.

Hinweis zum Zeitansatz

Eine Lernspirale ist für 90 (45) Minuten konzipiert. Je nach Größe und Leistungsstärke der Lerngruppe muss der Zeitansatz, der im Stundenraster für jeden Arbeitsschritt ausgewiesen ist, entsprechend angepasst werden.

Beispiel zum Aufbau der Lernspiralen

LS 01.M2

Verweis auf die Aufgabe in der Kopiervorlage **A3**

Verweis auf die Lernspirale und das Material

		Zeit	Lernaktivitäten	Material	Kompetenzen
1	EA	10′	S füllen einen Steckbrief aus.	M1.A1	– Stichpunkte machen – Fragen in vollständigen Sätzen beantworten – Aussagen über die eigene Person formulieren
2	PL/ PA	5′	S führen beim Spiel *music stop* Kennenlerndialoge und benutzen dabei zunächst Fragekärtchen als Hilfestellung.	M1.A2, M2	
3	PL/ PA	5′	S setzen das Spiel ohne Fragekärtchen fort.		
4	EA	5′	S bereiten einen Kurzvortrag über sich vor.	M1.A3	
5	GA	15′	Simultanpräsentation: S stellen sich in Gruppen vor.		
6	PL	5′	Zwei S stellen sich vor der Klasse vor.		

Arbeitsschritte

Unterschiedliche Sozialformen

Hinweise zum Zeitbedarf

Vielfältige Lernaktivitäten und Methodenanwendungen der Schüler

Verweis auf das Material und die Aufgaben in den Kopiervorlagen

Kompetenzen, die die Schüler erwerben können

Notizen:

LS 01 Ein Ablass in der Schule

		Zeitrichtwert	Lernaktivitäten	Material	Kompetenzen
1	PL	5′	L stellt Mitteilung der Schulleitung vor. Ein S liest vor. Kurze Murmelphase.	M1 (auf Folie)	- eigenes Handeln reflektieren - Bewertungen vornehmen - eigene Meinung begründet vertreten - andere Meinungen überprüfen und zulassen - konstruktiv diskutieren - zielgerichtet arbeiten und kooperieren - Entscheidungen treffen - begründete Meinung schriftlich formulieren und vortragen
2	PL	5′	L gibt einen Überblick über den Ablauf der bevorstehenden Stunde.	Tafel/ Flipchart	
3	EA	10′	S notieren mithilfe von M2.A1 persönliche Einschätzungen und Folgen in ihr Heft.	M2.A1, Heft	
4	PA	10′	S stellen ihre Bewertung dem Sitznachbarn vor.	M2.A2, Heft	
5	GA	20′	S erarbeiten in Vierergruppen vier Statements und erstellen persönliche Spickzettel.	Moderationskarten, Spickzettel	
6	PL	15′	Tandems aus ausgelosten Gruppen präsentieren jeweils ihre Einschätzungen und Folgen an der Tafel/ Pinnwand.	Moderationskarten, Magnete/ Pinns	
7	EA	15′	S schreiben ein persönliches Statement ins Heft.	Heft	
8	PL	10′	Einzelne S lesen ihre Statements vor. L gibt Feedback, ergänzt bei Bedarf.	Heft, M3 (auf Folie)	

Erläuterungen zur Lernspirale

Ziel der Doppelstunde ist das Hineinversetzen der Schüler in die Situation eines möglichen Ablasses in der Schule, um so Voreinstellungen zu wecken und eine Haltung gegenüber eines solchen Beschlusses und seiner möglichen Folgen zu entwickeln. So soll die Situation der Gläubigen zu Beginn der Reformation erfahrbar werden.

Zum Ablauf im Einzelnen:
Im **1. Arbeitsschritt** legt der Lehrer die OHP-Folie (M1) auf, lässt sie von Schülern vorlesen und gestattet ihnen eine kurze Murmelphase.

Im **2. Arbeitsschritt** erläutert der Lehrer das Vorgehen für die folgende Stunde.

Die Schüler formulieren im **3. Arbeitsschritt** mithilfe der Schreibimpulse von M2.A1 in stiller Einzelarbeit ihre begründete Meinung und mögliche Folgen bezüglich des Beschlusses und notieren die Ergebnisse in ihr Heft.

Im **4. Arbeitsschritt** stellen sich die Schüler in Partnerarbeit (Zufallspartner) ihre persönlichen Bewertungen gegenseitig vor und erläutern ihre Einschätzungen. Diese „Murmelphase" soll dazu anleiten, dass Arbeitsergebnisse miteinander besprochen bzw. diskutiert werden.

Im **5. Arbeitsschritt** werden Vierergruppen gebildet. Die Gruppen erarbeiten mindestens vier Statements zum aktuellen Beschluss auf Moderationskarten und schreiben je ein Statement (stichwortartig) auf eine Moderationskarte. Zusätzlich erstellen die Schüler, passend zu den vier Moderstionskarten, persönliche Spickzettel (stichwortartig) für die anschließende Präsentation im Plenum.

Vor der Präsentation im **6. Arbeitsschritt** ist auf die Regel „touch – turn – talk" (siehe Glossar, S. 76) hinzuweisen. Tandems aus den Vierergruppen (Gruppen und Tandems auslosen) pinnen die Moderationskarten an die Tafel/Pinnwand und präsentieren mithilfe ihrer Spickzettel ihre Statements. Die anderen Gruppen ergänzen noch nicht genannte Einschätzungen und Folgen. Nach diesem Schritt kann sich ein Ranking der gravierendsten Folgen anschließen. Der Lehrer gibt auch ein Feedback bezüglich der Moderationskarten (Lesbarkeit/Anzahl der Worte), der Spickzettel (nicht zu viele Worte/keine ganzen Sätze) und der Arbeitsabläufe in den Gruppen.

Im **7. Arbeitsschritt** schreiben die Schüler zwei für sie bedeutende Einschätzungen und Folgen ausformuliert (in ganzen Sätzen) in ihr Heft. Abschließend soll begründet formuliert werden, ob dieser Beschluss in die Tat umgesetzt werden soll. Die Begründungen sollen kurz gefasst sein.

Im **8. Arbeitsschritt** lesen ausgeloste Schüler ihre begründeten Statements vor. Der Lehrer gibt Feedback und ergänzt bei Bedarf (inhaltlich und formal). Um auf die folgenden Stunden überzuleiten, endet die Doppelstunde mit dem Hinweis, dass es einen realen Ablass in der katholischen Kirche gegeben hat. Dazu wird den Schülern die Definition des Ablasses der katholischen Kirche (M3) auf OHP-Folie präsentiert.

Tipp

Spickzettel (DIN A6) sind aus DIN-A4-Papier leicht zuzuschneiden. Es sollten keine ganzen Sätze notiert werden (evtl. die Anzahl der Worte vorgeben). Bei Schülern, die im Anfertigen von Spickzetteln noch nicht geübt sind, bietet sich ein größeres Blatt an.

Moderationskarten sind so auszuwählen, dass sie groß genug sind, um in Großbuchstaben geschriebene, gut lesbare Worte darauf notieren zu können. Auf die Moderationskarten werden nur wenige Worte notiert, um die Präsentation visuell zu unterstützen und die Lesbarkeit zu garantieren.

01 Ein Ablass in der Schule

Liebe Schülerinnen und Schüler!

Sicher habt ihr alle schon bemerkt, dass unsere Schule sich permanent in Geldnot befindet. Notwendige bauliche Maßnahmen können nicht durchgeführt, neue Unterrichtsmaterialien und Medien (Bücher, Computer, Beamer etc.) nicht angeschafft werden. Die Schulleitung hat daher beschlossen, neue Einnahmequellen zu erschließen und gleichzeitig den Schülerinnen und Schülern neue Möglichkeiten zu eröffnen, ihre Noten zu verbessern.
Es gilt bis auf weiteres folgende Preisliste:

	Leistung	Preis
1	einen Hausaufgabenstrich tilgen lassen	10 €
2	eine Strafarbeit nicht anfertigen müssen	10 €
3	nicht zum Nachsitzen erscheinen müssen	15 €
4	ein „unbefriedigend" durch ein „gut" ersetzen lassen	20 €
5	ein „unbefriedigend" durch ein „sehr gut" ersetzen lassen	30 €
6	keine Strafe bei Beleidigung eines Mitschülers bekommen	30 €
7	keine Strafe bei Sachbeschädigung bekommen	40 €
8	keine Strafe bei Verletzung eines Mitschülers bekommen	50 €
9	Versetzung mit zwei oder mehr Fünfen	150 €

Im Sekretariat erhaltet ihr Antragsformulare, die ihr mit Namen, Klasse und Anliegen ausfüllt und unterschreibt. Dort müsst ihr auch das Geld bezahlen. Ich hoffe, dass die neue Regelung für uns alle von Vorteil sein wird.

Mit freundlichen Grüßen

Die Schulleitung

LS 01.M2 Schreibimpulse

A1 Was hältst du von den Beschlüssen der Schulleitung?
Mache dir Notizen in dein Heft.
Berücksichtige bei deinen Notizen folgende Überlegungen:

Welche Regelungen hälst du für die bedeutendsten/wichtigsten?

Welche Folgen hätten die Regelungen für dich persönlich, andere Schüler, deine Eltern, die Berufswelt und die Gesellschaft aller Bürger Deutschlands?

A2 Besprecht eure Einschätzungen mit einem Partner.

LS 01.M3 Definition „Ablass“

Ablass
ist ein Begriff aus der römisch-katholischen Theologie und bezeichnet einen von der Kirche geregelten Gnadenakt, durch den nach kirchlicher Lehre zeitliche Sündenstrafen erlassen (nicht dagegen die Sünden selbst vergeben) werden.
Ablässe können den Lebenden und den Verstorbenen zugewendet werden.

LS 02 Der Zustand der Bevölkerung, des Reiches und der Kirche um 1500

		Zeitrichtwert	Lernaktivitäten	Material	Kompetenzen
1	PL	5′	L gibt einen Überblick über den Ablauf der bevorstehenden Stunde.		- Texte differenziert lesen und markieren - hilfreiche Spickzettel erstellen - nach Stichworten berichten - gehörte Informationen notieren - eine Gruppenarbeit organisieren - in einer Gruppe produktiv mitarbeiten - einen Vortrag vor der Klasse halten - eine Zusammenfassung schreiben
2	EA	5′	S lesen und markieren den zugeteilten Text.	M1–3	
3	GA	10′	S erstellen einen Spickzettel in ihrer Stammgruppe.	M1–3, Spickzettel	
4	GA	30′	S präsentieren ihre Informationen in ihrer Expertengruppe. Gruppenmitglieder erstellen eine gemeinsame Präsentation auf Spickzetteln.	Spickzettel	
5	PL	15′	Mitglieder einer ausgelosten Gruppe präsentieren ihre Ergebnisse im Plenum. Übrige Gruppen und L ergänzen.	Spickzettel	
6	EA	15′	S formulieren eine schriftliche Zusammenfassung der Texte in ihrem Heft.	Heft	
7	PL	10′	S lesen ausgeloste Zusammenfassungen vor. L stellt gezielte Fragen zum Inhalt der Stunde.	Heft	

Tipps

Die Stammgruppen (je drei Schüler) nach Sitzreihenfolge einteilen. Somit entfällt ein anfängliches Platzwechseln der Schüler.

Die Buchstaben und Nummern der Expertengruppen einfach auf der Rückseite des Textblattes notieren (z.B.: A1, A2, A3/B1, B2, B3 etc.).

Wenn die Gesamtsumme der Schüler nicht durch drei teibar ist, können auch eine oder mehrere Vierergruppen gebildet und ein Text in diesen Gruppen doppelt vergeben werden.

Erläuterungen zur Lernspirale

Ziel der Doppelstunde ist es, ein Verständnis zu schaffen, wie die Menschen zur Zeit der Reformation gelebt haben, wer das Leben bestimmt hat (Kirche und Landesherren) und welche Probleme und Missstände damals aktuell waren.

Zum Ablauf im Einzelnen:
Im **1. Arbeitsschritt** erläutert der Lehrer das Vorgehen für die folgende Stunde (Gruppenpuzzle). Es gibt drei verschiedene Informationstexte und somit auch jeweils drei Schüler in jeder Stammgruppe.

Die Schüler lesen im **2. Arbeitsschritt** in stiller Einzelarbeit anteilig einen Informationstext (M1, M2 oder M3) und markieren darin die wichtigsten Inhalte.

Im **3. Arbeitsschritt** tauschen sich die Schüler in ihrer Stammgruppe aus, deren Mitglieder jeweils denselben Ausgangstext bearbeitet haben. Anschließend notieren sie die wichtigsten Informationen stichwortartig auf einen Spickzettel.

Im **4. Arbeitsschritt** begeben sich die Schüler in ihre zugelosten Expertengruppen, die aus jeweils drei Mitgliedern mit unterschiedlichen Texten (siehe Tipps) bestehen. Dort präsentieren die Schüler die Informationen ihres Textes den jeweiligen Gruppenmitgliedern. Die Zuhörer machen sich während des Vortrages Notizen ins Heft. Anschließend erstellen die Mitglieder jeder Expertengruppe einen gemeinsamen Spickzettel mit den wichtigsten Informationen aller Texte. Jedes Gruppenmitglied hat anschließend denselben Spickzettel, sodass ein Gruppenmitglied eventuell alle Informationen auch alleine präsentieren könnte.

Im **5. Arbeitsschritt** präsentiert eine ausgeloste Gruppe die erarbeiteten Ergebnisse. Die anderen Schüler hören aufmerksam zu und ergänzen möglicherweise vergessene wichtige Informationen. Je nach Qualität des Vortrags und nach Zeitfortschritt oder -bedarf werden weitere Gruppen ausgelost. Der Lehrer ergänzt und/oder korrigiert in Bezug auf den Inhalt und gibt Rückmeldung über die Form des Vortrages (Sprechweise, Blickkontakt, Anzahl der Wörter auf dem Spickzettel etc.).

Zur Ergebnissicherung formulieren die Schüler im **6. Arbeitsschritt** eine Zusammenfassung der Textinhalte in ihrem Heft.

Im **7. Arbeitsschritt** lesen ausgeloste Schüler ihre Zusammenfassungen im Plenum vor. Der Lehrer gibt individuelle Rückmeldung und stellt im Anschluss gezielte Fragen zum Inhalt der Stunde. Dieser Arbeitsschritt kann als Zeitpuffer dienen, da er je nach Bedarf kürzer oder länger gestaltet werden kann.

Notizen:

02 Der Zustand der Bevölkerung, des Reiches und der Kirche um 1500

Das Leben um 1500

In der Zeit um 1500 sah sich der gemeine Mann als Sklave von Klerus und Adel. Die Bauern waren Leibeigene und selbst besitzlos.

Die Kirche hatte im Heiligen Römischen Reich Deutscher Nation einen sehr hohen Stellenwert im Leben der Bevölkerung. Sie vertrat die Meinung, dass Arbeit, Knechtschaft und Armut gottgewollt sind, und die Gläubigen dafür das Seelenheil im Paradies bekämen.

Lehren und Vorschriften der Kirche bestimmten Sitten und Gebräuche des Volkes. Religion war keine Privatsache, sondern Teil des öffentlichen Lebens. Der Pfarrer war zuständig für Hochzeit und Begräbnis. Für die Erziehung und Schulausbildung, Armenfürsorge und Krankenpflege war ebenfalls die Kirche zuständig.

Die vom Klerus übermäßig geschürte Angst vor Sünden und Bestrafung im Jenseits, führte zu überspannter Frömmigkeit. Die Menschen lebten in tiefer Gottesfürchtigkeit, um vor dem Jüngsten Gericht bestehen zu können und hatten Angst vor dem strafenden Gott.

Um nach ihrem Tod keine Höllenqualen erleiden zu müssen, unternahmen sie Wallfahrten, führten harte Bußübungen, Kasteiung u.a. durch, spendeten Almosen und zahlten beim Ablasshandel Geld, um sich von den Sündenstrafen freizukaufen. Hexenwahn und Reliquienkult waren weitere Zeugnisse dieser Frömmigkeit.

Durch astronomische Entdeckungen von Kopernikus und Galilei entstand langsam die Idee eines heliozentrischen Weltbildes. Der Humanismus verkündete die Selbstbestimmung aller frei denkenden Menschen. Diese Veränderungen machten den Menschen zusätzlich Angst.

Begriffserklärungen:

Klerus: in der katholischen Kirche die Gesamtheit der Geistlichen

Kasteiung: sich zur Buße Schmerzen zufügen; enthaltsam leben

Reliquienkult: Verehrung der Knochen von Heiligen und einer Vielfalt von Artikeln, die mit einem Heiligen etwas zu tun hatten (z.B. Stoffe, die mit einem Heiligen in Berührung kamen oder Aschenanbetung)

Die politische Situation des Reiches um 1500

Die politische Situation des Heiligen Römischen Reiches deutscher Nation war seit dem 15. Jahrhundert von deutlichen Verfallserscheinungen geprägt.

Die Einheit Europas brach durch die starken nationalistischen Bestrebungen verschiedener Staaten auf. Vor allem Frankreich und Spanien wurden zu starken, selbstständigen Nationen. Die außenpolitische Auseinandersetzung Kaiser Karls V. mit Frankreich schwächte gleichzeitig auch die innenpolitische Macht des Kaisers.

Gleiches galt für die Auseinandersetzung mit dem erstarkten Osmanenreich. 1453 hatte dieses Konstantinopel erobert. Nach zahlreichen Eroberungen in Kleinasien dehnte sich das Türkische Reich immer weiter nach Westen aus. Der Bereich der unteren Donau (heutiges Ungarn), große Teile der Mittelmeerländer und Nordafrikas waren bereits erobert worden oder zumindest zu einer Berührungszone zwischen Türken und den Habsburgischen Kaisern geworden. Auch das Heilige Römische Reich deutscher Nation musste somit bald mit einer Auseinandersetzung mit dem Osmanenreich rechnen.

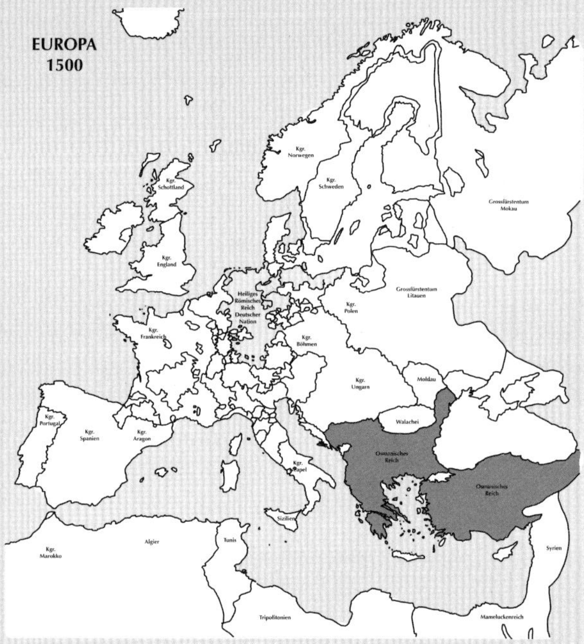

Letztlich trug auch die sich verändernde innenpolitische Situation im Reich zu seinem Verfall bei. Es gab einen ständigen Streit zwischen Papst und den Konzilien um den Vertretungsanspruch Gottes auf Erden. Päpste unterhielten eigene Heere, ebenso Bischöfe. Die Einheit des christlichen Staates war durch die Jahrhunderte währenden Auseinandersetzungen zwischen Kaisern und Päpsten de facto schon aufgelöst.

Begriffserklärungen:

Klerus: in der katholischen Kirche die Gesamtheit der Geistlichen

nationalistisch: heimatliebend, vaterlandsliebend, patriotisch

Kritik an der Kirche und ihren Missständen

Mit der zunehmenden Bildung des Volkes, vor allem in der Stadt, sowie der zunehmenden Verarmung der Ritter und Bauern, nahm die Kritik an der Kirche zu.

Die hohe Geistlichkeit kümmerte sich nicht um die Anliegen des Volkes, welches z.B. eine Antwort auf ein mögliches Leben nach dem Tod verlangte. Stattdessen versuchte sie, ihre Macht auszubreiten und neue Kirchen und Paläste zu bauen, für die sie viel Geld benötigte. Weltliche Macht und Reichtum waren für viele Mitglieder des Klerus wichtiger als christliche Werte.

Die Kirche kümmerte sich mehr um Politik als um Religion. Reformer und Kritiker wurden als Ketzer oder Hexen verurteilt und verbrannt. Das Vermögen von Ketzern und Hexen wurde Kircheneigentum.

Papst und Priester lebten in Saus und Braus. Sie veranstalteten Sauf- und Fressgelage, kauften geistliche und weltliche Ämter (Ämterkauf) und häuften zahlreiche Ämter an (Ämterhäufung). Es kam vor, dass ein Bischof z.B. gleichzeitig geistlicher Würdenträger, Landesherr, oberster Richter usw. war. Immer häufiger wurden Intrigen, Bestechung und Mordkomplotte bekannt, in die Angehörige des Klerus verwickelt waren.

Da sich die Geistlichen selbst nicht an das hielten, was sie predigten: „Wasser predigen – Wein Trinken", fragte sich das gemeine Volk zu Recht, ob diese Lebensweise der Lehre Christi entsprach.

Die Bauern forderten eine Einschränkung der zahlreichen Abgaben und Dienste für die geistlichen und weltlichen Herren und beanspruchten die Abschaffung der Leibeigenschaft sowie eine Beteiligung an Wäldern, Seen und Teichen, um dort auch jagen zu dürfen.

Begriffserklärungen:

Klerus: in der katholischen Kirche die Gesamtheit der Geistlichen

LS 03 Luther und seine 95 Thesen – einen Lehrervortrag erschließen

		Zeitrichtwert	Lernaktivitäten	Material	Kompetenzen
1	PL	5′	L gibt einen Überblick über den Ablauf der bevorstehenden Stunde.		- einen Lehrervortrag mitschreiben - hilfreiche Spickzettel erstellen - nach Stichworten berichten - kooperativ zusammenarbeiten - Gruppenmitgliedern helfen oder sich selbst helfen lassen - die Doppelkreismethode anwenden - einen Vortrag vor der Klasse halten
2	EA	10′	S hören Vortrag des Lehrers (M1) an und schreiben punktuell/stichwortartig mit.	M1, Heft	
3	GA	15′	Klärende Gespräche in Vierergruppen.	persönliche Notizen	
4	EA	15′	S strukturieren ihre Notizen über den Vortragsinhalt.	persönliche Notizen, Spickzettel/Tabelle	
5	PA	20′	S erzählen Inhalte im Doppelkreis nach. Anschließende Ergänzung oder Verbesserung der Aufzeichnungen.	Spickzettel/ Tabelle	
6	PL	15′	Einzelne S präsentieren Ergebnisse. Andere S und L ergänzen oder korrigieren inhaltlich.	Spickzettel/ Tabelle	
7	EA	10′	S bearbeiten M2. Besprechung der Lösungen (M3) und Klärung von Restfragen. L teilt zum Abschluss Lehrervortrag (M1) aus.	M1–3	

Tipps

Der Lehrervortrag kann bei Bedarf je nach Leistungsniveau einer Klasse ergänzt oder gekürzt werden.

Erläuterungen zur Lernspirale

Ziel der Doppelstunde ist, dass die Schüler Luthers reformatorisches Anliegen nachempfinden. Sie sollen seine Perspektive verstehen lernen und ausgewählte Kritikpunkte Luthers kennen. Der Vortrag des Lehrers steht im Zentrum und ist einzige Quelle, um das Unterrichtsziel zu erreichen.

Zum Ablauf im Einzelnen:
Im **1. Arbeitsschritt** erläutert der Lehrer das Vorgehen für die folgende Stunde.

Die Schüler hören im **2. Arbeitsschritt** den kompakt gehaltenen Vortrag des Lehrers (M1) an. Dabei findet keine Hintergrundvisualisierung des Inhalts statt. Die Schüler machen sich stichwortartig Notizen in ihr Heft.

Im **3. Arbeitsschritt** finden klärende Gespräche in Zufallsgruppen (mit jeweils vier Schülern) statt. Die Schüler tragen zusammen, was sie verstanden haben, besprechen Unklarheiten und füllen ihre „Hörlücken" aus, indem sie ihre Notizen ergänzen.

Im **4. Arbeitsschritt** strukturieren die Schüler in stiller Einzelarbeit den Vortragsinhalt. Sie fassen den Inhalt des Lehrervortrages möglichst übersichtlich zusammen. Das kann z.B. mithilfe eines stichwortartigen Spickzettels auf DIN A6, einer stichwortartigen Tabelle, eines Schaubildes oder eines Struktogrammes im Heft geschehen. Die erstellte Zusammenfassung wird anschließend für die Präsentation verwendet.

Im **5. Arbeitsschritt** erzählen die Schüler im Doppelkreis den Lehrervortrag nach. Dabei stehen sie sich paarweise in einem Innen- und einem Außenkreis gegenüber. Die gegenüberstehenden Schüler berichten sich gegenseitig ihre Ergebnisse, bevor einer der Kreise rotiert und so beliebig viele weitere Partnerkonstellationen entsehen, in denen der Vortrag wiederholt werden kann. Grundlage für die Präsentation sind die individuellen Aufzeichnungen aus dem 4. Arbeitsschritt. Anschließend sollte die Möglichkeit bestehen, die eigenen Aufzeichnungen nochmals zu ergänzen oder zu korrigieren (Zeitpuffer einplanen).

Im **6. Arbeitsschritt** halten ausgeloste Schüler ihren Vortrag im Plenum und stellen sich der inhaltlichen und methodischen Aussprache. Der Lehrer ergänzt und korrigiert bei Bedarf inhaltlich und gibt ein konkretes Methodenfeedback. Je nach Zeitfortschritt können ein, zwei oder mehrere Schüler präsentieren.

Im **7. Arbeitsschritt** füllen die Schüler in Einzelarbeit ein Arbeitsblatt (M2) aus, um den Inhalt der Stunde zu vertiefen. Lösungen und Restfragen werden anschließend im Plenum besprochen und geklärt. Abschließend teilt der Lehrer den Lehrervortrag (M1) in gedruckter Form an alle Schüler aus.

03 Luther und seine 95 Thesen – einen Lehrervortrag erschließen

Die 95 Thesen – Luther verurteilt den Ablasshandel

Im ausgehenden Mittelalter (1400–1550) hatten die Menschen oft große Angst vor Gottes Strafe. Sobald sie etwas taten, von dem sie oder die Kirche meinten, es würde Gott nicht gefallen, rechneten sie mit einer göttlichen Strafe. Krankheiten oder Unwetter hielten sie für solche Strafen eines erzürnten Gottes. Fast immer trugen sie ein schlechtes Gewissen mit sich herum. Die Christen glaubten darum auch, dass sie nach ihrem Tod für alle ihre Fehler und Vergehen bestraft würden. Sie meinten, sie müssten in der Hölle im Fegefeuer schmoren und dort große Schmerzen erleiden. So würden sie dann für ihre Sünden büßen und dabei durch die Kraft des Feuers gereinigt werden.
Die römisch-katholische Kirche verbreitete die Lehre, dass viele besonders fromme Menschen (die Heiligen) und Jesus vor Gott bereits so viel Gutes getan hätten, dass es jetzt einen großen Schatz an guten Taten gäbe. Diese guten Werke würden ausreichen, Gott zu besänftigen. Jeder müsse sich nur gegen Geld einen Anteil davon bei der Kirche kaufen. Dieser Anteil wurde schriftlich auf einem Wertpapierschein bestätigt. Man nannte ihn Ablassbrief. Heute spielen diese Ablassbriefe keine Rolle mehr, aber Luther fragte damals: „Kann man ein gutes Gewissen für Geld kaufen?" Luthers Antwort war klar: „Ablassbriefe dürfen nicht sein! Die Kirche tut Unrecht und zieht den Menschen nur das Geld aus der Tasche. Gott ist anders, er ist ein liebender Gott!"
Gegen den Ablasshandel verfasste er deshalb 95 Thesen. Seit 1512 lebte Martin Luther in Wittenberg, hier hatte er eine Bibelprofessur an der Universität übernommen. Da es noch keine Zeitung gab, schrieb er seine Thesen 1517 auf ein Blatt Papier und nagelte sie am 31. Oktober an die Kirchentür in Wittenberg. So konnten viele Menschen lesen, was Luther zu sagen hatte.
Durch die Erfindung des Buchdrucks war es möglich, dass seine Ideen viele weitere Menschen, über den Ort Wittenberg hinaus, erreichten. Seine Thesen wurden in großer Zahl vervielfältigt und verbreitet. Hier einige Beispiele seiner formulierten 95 Thesen:

21. Es irren die Ablassprediger, die da sagen, dass durch des Papstes Ablässe der Mensch von aller Sündenstrafe losgesprochen und erlöst werde.
27. Eine falsche Lehre predigt man, wenn man sagt: Sobald das Geld im Kasten klingt, die Seele aus dem Fegfeuer springt.
32. Wer glaubt, durch Ablassbriefe das ewige Heil erlangen zu können, wird auf ewig verdammt werden samt seinen Lehrmeistern.
36. Jeder Christ, der wahrhaft Reue empfindet, hat einen Anspruch auf vollkommenen Erlass der Schuld auch ohne Ablassbrief.
43. Man soll die Christen lehren, dass, wer den Armen gibt und den Bedürftigen leiht, besser tut, als wer Ablassbriefe kauft.

Luther wollte mit seinen 95 Thesen keine neue Glaubenslehre aufstellen, sondern Missstände aufdecken und den Ablasshandel verhindern. Er wollte die katholische Kirche lediglich erneuern (= reformieren). Als man ihn aufforderte, die Autorität des Papstes in Glaubensdingen bedingungslos anzuerkennen, sagte er: „Papst und Konzilien haben schon mehrfach geirrt. Für den Gläubigen verpflichtend ist allein das Wort Christi in der Heiligen Schrift."

Die 95 Thesen Luthers – Fragen

Beantworte die folgenden Fragen:

1. Warum hatten die Menschen damals Angst vor Gottes Strafe?

2. In welchem Ort war Luther Mönch und hatte eine Bibelprofessur?

3. Wie viele Thesen verfasste Luther und wann veröffentlichte er diese?

4. Welche Frage stellte sich Luther anlässlich der Praktik der Ablassbriefe?

5. Warum irrten sich laut Luther die Ablassprediger?

6. Wohin kann man durch Ablassbriefe nicht kommen?

7. Wie kann jeder Christ nach Luthers Thesen seine Sünden erlassen bekommen?

8. Was wollte Luther mit seinen Thesen erreichen?

9. Warum stellte Luther den Papst in Frage?

Die 95 Thesen Luthers – Lösungen

1. Warum hatten die Menschen damals Angst vor Gottes Strafe?
   Krankheiten oder Unwetter hielten sie für Strafen Gottes und sie glaubten auch, dass sie nach ihrem Tod für alle ihre Fehler und Vergehen bestraft würden. Sie meinten, sie müssten in der Hölle im Fegefeuer schmoren und dort große Schmerzen erleiden.

2. In welchem Ort war Luther Mönch und hatte eine Bibelprofessur?
   In Wittenberg

3. Wie viele Thesen verfasste Luther und wann veröffentlichte er diese?
   95 – am 31.10 1517

4. Welche Frage stellte sich Luther anlässlich der Praktik der Ablassbriefe?
   Kann man ein gutes Gewissen für Geld kaufen?

5. Warum irrten sich laut Luther die Ablassprediger?
   Die Menschen können nicht durch einen Ablass von allen Sündenstrafen freigesprochen werden.

6. Wohin kann man durch Ablassbriefe nicht kommen?
   Ins Paradies

7. Wie kann jeder Christ nach Luthers Thesen seine Sünden erlassen bekommen?
   Durch wahrhaftes Bereuen

8. Was wollte Luther mit seinen Thesen erreichen?
   Er wollte Missstände in der Kirche aufdecken und den Ablasshandel verhindern.

9. Warum stellte Luther den Papst in Frage?
   Papst und Konzilien haben schon mehrfach geirrt. Für den Gläubigen verpflichtend ist allein das Wort Christi in der Heiligen Schrift.

LS 04 Martin Luthers Leben – eine Internetrecherche durchführen

		Zeitrichtwert	Lernaktivitäten	Material	Kompetenzen
1	PL	5′	L gibt einen Überblick über den Ablauf der bevorstehenden Stunde.		- Informationen gezielt nachschlagen und exzerpieren - zielgerichtet arbeiten und in der Gruppe kooperieren - Entscheidungen treffen - ein Struktogramm herstellen (Tabelle, Schaubild, Diagramm etc.) - kooperativ präsentieren
2	EA	5′	S rufen Datei auf und verschaffen sich einen möglichst guten Überblick.		
3	PL	10′	L führt mit den S eine beispielhafte Suchaufgabe durch.	M1	
4	GA	5′	S lesen und besprechen die vorgegebenen Recherchaufgaben in der Gruppe und beheben etwaige Unsicherheiten bzw. Unklarheiten.	M1	
5	EA	30′	S führen in Einzelarbeit die geforderten Recherchen durch.	M1	
6	GA	20′	S dokumenieren und visualisieren die Ergebnisse ihrer Recherchen.	M1	
7	PL	15′	Eine ausgeloste Gruppe präsentiert ihre Ergebnisse im Plenum. L ergänzt inhaltlich und gibt ein gezieltes Methodenfeedback.	M1	

✓ Merkposten

Für die Bildung der Zufallsgruppen und Präsentationstandems sind geeignete Losgegenstände mitzubringen.

Tipps

Es gibt drei Möglichkeiten der Nutzung von Dateien:
1. Das Auffinden und Nutzen von Internetseiten ist völlig freigestellt (nur für geübte S).
2. Der L gibt eine geeignete Internetseite vor.
3. Der L stellt eine Datei zur Verfügung, die er selbst zusammengestellt hat (evtl. auf USB-Stick).
Optimal wäre ein PC für jeden Schüler. Ansonsten können die Arbeitsschritte der EA auch in PA durchgeführt werden.

Wenn die Gesamtsumme der Schüler nicht durch vier teibar ist, jeweils auch zusätzlich Dreiergruppen bilden.

Erläuterungen zur Lernspirale

Ziel der Doppelstunde ist es, Martin Luther als Mensch näher kennenzulernen, seine Beweggründe für sein Handeln herauszustellen und die Konsequenzen seines Tuns für die Kirche und sein eigenes Leben aufzuzeigen. Darüber hinaus soll die Nutzung des PCs als ernsthaftes Recherche- und Arbeitsmittel kleinschrittig eingeübt werden.

Zum Ablauf im Einzelnen:
Im **1. Arbeitsschritt** erläutert der Lehrer das Vorgehen für die folgende Stunde.

Die Schüler sichten im **2. Arbeitsschritt** in stiller Einzelarbeit die Seiten (siehe Tipps): Die Schüler rufen die betreffende Internetseite auf und verschaffen sich einen möglichst guten Überblick über den Aufbau und die Inhalte der Datei.

Im **3. Arbeitsschritt** werden Suchalgorithmen eingeübt. Der Lehrer führt dazu gemeinsam mit den Schülern eine oder mehrere einfache Suchaufgaben durch und übt so die Nutzung der vorliegenden Datei beispielhaft ein.

Im **4. Arbeitsschritt** werden Vierergruppen gebildet. Innerhalb der Gruppen machen sich die Schüler mit dem vorgegebenen Rechercheauftrag (M1) vertraut. Sie lesen und besprechen die Suchaufgaben und beheben etwaige Unsicherheiten bzw. Unklarheiten.

Im **5. Arbeitsschritt** recherchieren die Schüler in Einzelarbeit das Gesuchte. Die Ergebnisse werden auf dem Arbeitsblatt (M1) schriftlich festgehalten.

Im **6. Arbeitsschritt** werden die Ergebnisse innerhalb der Gruppe aufbereitet. Die Schüler dokumentieren und visualisieren die Ergebnisse ihrer Recherchen am PC, drucken sie aus und machen zwei Kopien: eine im Format DIN A4 (als Spickzettel) und eine im Format DIN A3 (für das Plenum).

Im **7. Arbeitsschritt** wird präsentiert und reflektiert. Ein ausgelostes Tandem aus einer Gruppe präsentiert mithilfe des Ausdrucks seine Arbeitsergebnisse. Je nach Zeitfortschritt können mehrere Gruppen präsentieren. Die Schüler, die zuhören, korrigieren oder ergänzen die Inhalte nach Beendigung der Präsentation. Bei Bedarf übernimmt dies der Lehrer. Dieser gibt außerdem ein Methodenfeedback und gibt anhand des präsentierten Beispiels Tipps zur Visualisierung der Ergebnisse.

Notizen:

04 Martin Luthers Leben – eine Internetrecherche durchführen

Die 95 Thesen – Luther verurteilt den Ablasshandel

Folgende Bereiche sollten bei der Erstellung eines Porträts/Lebenslaufs von Martin Luther berücksichtigt werden:

- Martin Luthers Kindheit und Jugend
- Luther als Student in Erfurt
- Martin Luther als Professor in Wittenberg
- Der Thesenanschlag von Wittenberg – Reaktionen und Folgen
- Luther auf dem Reichstag zu Worms
- Luther auf der Wartburg
- Luthers Rückkehr nach Wittenberg
- Luther und der Bauernkrieg
- Luthers Hochzeit
- Luthers letzte Lebensjahre

Raum für Notizen:

LS 05 Luther vor dem Kaiser in Worms 1521

		Zeitrichtwert	Lernaktivitäten	Material	Kompetenzen
1	PL	5′	L gibt einen Überblick über den Ablauf der bevorstehenden Stunde.		- einen Sachtext differenziert markieren - Arbeitsaufgaben konstruktiv lösen - unterschiedliche Lernprodukte erstellen - Gruppengespräche zielorientiert durchführen - konstruktiv und regelgebunden kommunizieren - kooperativ präsentieren - Fragen zum Lernstoff entwickeln
2	EA	15′	S lesen den Informationstext (M1) und markieren die wichtigsten Informationen und Schlüsselbegriffe.	M1	
3	PA	5′	S besprechen mit dem Sitznachbarn Unklarheiten oder Verständnisfragen.	M1	
4	GA	25′	S bearbeiten in Dreiergruppen zugeloste Aufgabenstellungen (M2).	M2.A1–8	
5	PL	15′	Ausgeloste Tandems präsentieren ihre Ergebnisse. L ergänzt oder korrigiert inhaltlich und gibt ein gezieltes Methoden- und Medienfeedback.		
6	EA	10′	S erstellen vier Basisfragen zum vorliegenden Text.	Heft	
7	PL	15′	Abschließendes Klassenquiz	Heft	

Tipps

Bei der zufälligen Zusammenstellung von Arbeitsgruppen kann es hilfreich sein, leistungsstärkere S als Gruppenköpfe zu „setzen". Der L vergibt z.B. bei der Zulosung der Gruppen vorher öffentlich jeweils eine entsprechende Karte an die betreffenden Schüler mit einer motivierenden Bemerkung.

Ist es nicht möglich, alle Lernprodukte dieser Stunde innerhalb der Zeit vorzustellen, so können diese zu Beginn der nächsten Unterrichtsstunde als Einstieg und Wiederholung präsentiert werden.

Erläuterungen zur Lernspirale

Ziel der Doppelstunde ist, die Vorgänge um das Wormser Edikt, dessen einschneidende Beschlüsse und die daraus entstandenen Folgen kennenzulernen, da sie einen zentralen Bestandteil zum Verständnis der Reformation darstellen. Diese Doppelstunde kann anstelle oder als Ergänzung von LS06 einzesetzt werden.

Zum Ablauf im Einzelnen:
Im **1. Arbeitsschritt** erläutert der Lehrer das Vorgehen für die folgende Stunde.

Die Schüler lesen im **2. Arbeitsschritt** in stiller Einzelarbeit den Informationstext (M1). Mit zwei verschiedenfarbigen Textmarkern markieren sie beim zweiten Lesen sowohl wichtige Informationen (eine Farbe), als auch Schlüsselbegriffe/Ankerbegriffe (andere Farbe).

Im **3. Arbeitsschritt** besprechen die Schüler eventuelle Unklarheiten oder Verständnisfragen, die sie während des Lesens notiert haben, mit ihrem Sitznachbarn. Bleiben Fragen offen, so sollen diese in der anschließenden Gruppenphase untereinander nochmals thematisiert werden.

Im **4. Arbeitsschritt** teilt der Lehrer die Schüler per Zufall in Dreiergruppen ein (siehe Tipps). Diese bekommen jeweils unterschiedliche Aufgaben (M2. A1–8) zugelost, die sie anschließend gemeinsam bearbeiten.

Im **5. Arbeitsschritt** werden aus den einzelnen Gruppen jeweils Tandems ausgelost, die ihre Ergebnisse im Plenum präsentieren (je nach Zeitbedarf zwei oder drei Tandems). Der Lehrer ergänzt oder korrigiert inhaltlich und gibt ein gezieltes Präsentations- und Medienfeedback. Die Rückmeldung kann bei Bedarf auch nach jedem Tandem erfolgen.

Im **6. Arbeitsschritt** erstellen die Schüler zur Vertiefung vier Basisfragen und die entsprechenden Antworten zum vorliegenden Text und notieren diese in ihr Heft. Fleißige Schüler dürfen auch mehr notieren. Geschlossene Fragen sind nicht erlaubt.

Abschließend wird im **7. Arbeitsschritt** ein Klassenquiz durchgeführt: Ein Schüler liest eine Frage vor, der Schüler, der die Antwort weiß, meldet sich und darf im Anschluss die nächste Frage formulieren etc. Der Lehrer korrigiert und ergänzt bei Bedarf und gibt Rückmeldung über die Relevanz der gestellten Fragen (Basisfrage/Basiswissen ja oder nein).

Notizen:

05 Luther vor dem Kaiser in Worms 1521

Der Reichstag in Worms 1521

Der neue Kaiser Karl V. beruft im Jahr 1521 seinen ersten Reichstag in Worms ein. Alle Landesfürsten und Regierungsbeamten Deutschlands müssen dort zusammenkommen und mit dem Kaiser die Fragen und Sorgen des Landes besprechen.

Auch der Streit zwischen Luther und der Kirche steht auf der Tagesordnung. Der Reichstag beginnt am 27. Januar und endet am 26. Mai 1521.
Luther selbst muss auch auf dem Reichstag erscheinen. Seine Freunde warnen ihn: „Fahr nicht dorthin! Der Kaiser lässt dich verhaften und schickt dich direkt nach Rom zum Papst. Und dann ist alles vorbei. Bleib hier!" Luther antwortet ihnen: „Das geht nicht, ich kann nicht schweigen. Auch vor dem Kaiser muss gesagt werden, was wahr ist: Allein das Wort Gottes in der Bibel kann uns aus aller Angst befreien. Ich habe keine Angst. Wenn auch noch so viele Teufel in Worms wären wie Ziegel auf den Dächern der Stadt, ich würde doch dorthin fahren."

Als Luther in seiner Kutsche nach Worms kommt, jubeln ihm die Menschen zu. Sie drängen sich an den Wagen, dass kaum durchzukommen ist. Als das Trompetensignal von der Domkirche seine Ankunft meldet, klettern die Menschen auf die Dächer, nur um Luther zu sehen. Aber der denkt sich in seinem Wagen: „Tausende Menschen sind hier. Und ich bin doch allein. Keiner von euch kann mir helfen. Nur Gott, er kann und wird mir helfen und bei mir sein."

Am 18. April wird Luther in den Saal der kaiserlichen Residenz geführt. Es ist so voll, dass sogar die Fürsten stehen müssen. Der junge Kaiser Karl V., der kaum ein Wort Deutsch versteht, weil er Spanier ist, sitzt gelassen auf seinem Herrscherthron. Professor Eck aus Leipzig spricht im Auftrag des Kaisers: „Doktor Luther, ich frage dich. Antworte einfach und ohne Hörner: Willst du deine Bücher und die Irrtümer, die sie enthalten, widerrufen oder nicht?" Luther antwortet frei heraus: „Weil denn Eure Majestät und ihr Herrschaften eine einfache Antwort begehrt, so will ich eine geben ohne Hörner und Zähne: Wenn ich nicht durch Schriftzeugnisse aus der Heiligen Schrift widerlegt oder durch klare Gründe überzeugt werde, so bin und bleibe ich überzeugt durch die von mir angeführten Schriftzeugnisse, und mein Gewissen ist gebunden an Gottes Wort. Ich glaube weder dem Papst noch den Konzilen allein, weil es offensichtlich ist, dass sie oft geirrt und sich selbst widersprochen haben. Widerrufen kann und will ich nichts, weil gegen das Gewissen handeln nicht sicher und nicht lauter ist. So stehe ich hier, ich kann nicht anders. Gott helfe mir. Amen." Luther gibt seine Antwort zuerst in deutscher und dann gleich in lateinischer Sprache. Kaum hat er ausgesprochen, bricht großer Lärm aus – Jubel bei den Freunden Luthers, Ärger bei den Gegnern.

Kaiser Karl V. ist sich sicher, dass ein einzelner Mönch in seiner Meinung irrt, wenn diese gegen die der ganzen Christenheit, wie sie seit mehr als tausend Jahren gelehrt wird, steht. Er erlässt das „Wormser Edikt". Gleich am nächsten Tag lässt der Kaiser die deutschen Fürsten holen und liest ihnen vor, was er jetzt mit Luther tun will: „Nachdem Luther seine Schriften nicht widerrufen hat, ist er kein Christ mehr. Er glaubt nicht mehr, was die christliche Kirche lehrt. Ich erkläre ihn zum Ketzer und verhänge die Reichsacht über ihn. Er mag nach Hause fahren. Dann aber ist sein Leben nicht mehr sicher."

Mit der Verhängung der Reichsacht ist Luther „vogelfrei", d.h. er ist ab jetzt rechtlos und kann von jedem straffrei getötet werden. Zum Ausschluss aus der Kirche kommt so auch der Ausschluss aus der weltlichen Gemeinschaft hinzu. Luther darf von niemandem beherbergt werden. Wer ihn findet, soll ihn ausliefern. Luthers Glück ist, dass der Kaiser ihm freies Geleit zugesichert hat. So kann er sich zumindest unbehelligt auf den Rückweg machen.

Luther nimmt den Achtbrief des Kaisers entgegen und steigt in seinen Reisewagen nach Wittenberg ein. Als er die Stadt verlässt, denkt er: „Nun ist mein Leben in Gefahr. Jeder, der mich kennt, darf mich anzeigen oder mich sogar umbringen. Ich habe kein Recht auf Hilfe und Schutz. Aber Gott ist bei mir. Er wird mir helfen. Warum will der Kaiser den Frieden im Land dadurch retten, dass er mich verurteilt?"

Soldaten des sächsischen Kurfürsten Friedrichs des Weisen bringen Luther auf seinem Heimweg zur Wartburg bei Eisenach, um ihn zu schützen. Dort taucht Luther die nächsten Jahre unter. Unter dem Decknamen „Junker Jörg" beginnt er mit der Übersetzung der Bibel. Das Wormser Edikt verbietet auch das Lesen und die Verbreitung von Luthers Schriften. Sie sollen sogar verbrannt werden. Luther denkt hoffnungsfroh: „Aber das Evangelium vom Frieden Gottes lässt sich nicht einfach so zum Schweigen bringen. Zu viele Menschen sind von der Freude der Botschaft Gottes schon angesteckt worden."

Trotz aller Verbote ist die Reformation nicht mehr aufzuhalten. Luthers Lehre verbreitet sich auch durch Flugblätter schnell. Der evangelische Glaube hat auch unter den Fürsten viele Anhänger. Diejenigen, die zu dem neuen Glauben übertreten, richten eigene Kirchenverwaltungen ein, die Landeskirchen. Die Erneuerung (= Reformation) der katholischen Kirche, wie Luther sie beabsichtigt hat, entwickelt sich anders als vorgedacht. Am Ende entsteht eine neue Konfession und eine Konfessionstrennung, die bis heute Bestand hat.

Begriffserklärungen:

Konzil: Versammlung einer Kirche, bei der in der Regel die bischöflichen Gewalten, die Lehre und Leitung der Kirche besprochen werden.

Edikt: öffentliche Erklärungen zu Grundsätzen der Anwendung des Rechts/Gesetz des Kaisers

Ketzer: abwertender Ausdruck; „Irrgläubiger", „Irrlehrer"; für alle Arten von abweichender Lehre im kirchlichen Verständnis gebraucht.

Konfession: Untergruppe innerhalb einer Religion (ursprünglich nur der christlichen), die sich in Lehre, Organisation oder Praxis von anderen Untergruppen unterscheidet

A1

- Stellt euch vor, Martin Luther würde wieder zum Leben erweckt …
- Erstellt mithilfe eurer Markierungen im Text einen **Bericht Martin Luthers** vom Wormser Reichstag.
- Erstellt für die Präsentation im Plenum einen Spickzettel (in Stichworten).
- Haltet den Vortrag in der Ich-Form: „Ich bin Martin Luther …"

A2

- Stellt euch vor, kurz nach dem Reichstag in Worms führt ein Journalist ein Zeitungsinterview mit Martin Luther …
- Erstellt mithilfe eurer Markierungen im Text ein **Zeitungsinterview** zum Ablauf und zu den Folgen des Wormser Edikts. Notiert dieses ausformuliert in euer Heft.
- Der Journalist sollte durch seine Fragen zu erkennen geben, dass er selbst einiges zu diesem Thema weiß.
- Die Fragen sollten nicht nur mit einzelnen Wörtern zu beantworten sein (keine geschlossenen Fragen).

A3

- Erarbeitet mithilfe eures markierten Textes einen **Kurzvortrag** über die Vorgänge am Wormser Reichstag und die Folgen.
- Gestaltet eine **Folie** mit wenigen Daten oder Ankerbegriffen (evtl. Zeichnungen), die ihr beim Kurzvortrag im Plenum als Spickzettel benutzt und die als Vorlage für den OHP dienen kann.

A4

- Stellt euch vor, kurz nach dem Reichstag in Worms führt in Journalist ein Zeitungsinterview mit Kaiser Karl V. …
- Erstellt mithilfe eurer Markierungen im Text ein **Zeitungsinterview** zum Ablauf und zu den Folgen des Wormser Edikts. Notiert dieses ausformuliert in euer Heft.
- Der Journalist sollte durch seine Fragen zu erkennen geben, dass er selbst einiges zu diesem Thema weiß.
- Die Fragen sollten nicht nur mit einzelnen Wörtern zu beantworten sein (keine geschlossenen Fragen).

A5

- Erstellt zehn Quizfragen zum Text mit den dazugehörigen Antworten und notiert diese in euer Heft.
- Benutzt dazu eure markierten Texte.
- Findet Fragen zu den wichtigsten Informationen des Textes und aus allen Abschnitten.

A6

- Schreibt eine Zusammenfassung mit den wichtigsten Informationen des Textes in euer Heft (Umfang: mindestens eineinhalb DIN-A4-Seiten).
- Benutzt dazu eure markierten Texte.
- Verändert den ursprünglichen Text durch insgesamt sieben Unwahrheiten (falsche Aussagen, Daten oder Orte).

A7

- Entwerft zehn bis zwölf selbst formulierte Aussagen zum Text (keine Zitate!), die mit richtig oder falsch angekreuzt werden können und notiert diese in euer Heft.
- Findet Aussagen zu den wichtigsten Informationen des Textes und aus allen Abschnitten.

A8

- Erstellt eine Übung zum Text. Entwerft ein Kreuzworträtsel mit zehn wichtigen Informationen des Textes und den dazugehörigen Lösungen.
- Benutzt dazu eure markierten Texte.
- Notiert dieses Kreuzworträtsel und die Lösungen in euer Heft.
- Erstellt das Kreuzworträtsel zusätzlich auf einem Extrablatt, um es für die Klasse zu kopieren.

LS 06 Einen Film über Martin Luther auswerten

		Zeitrichtwert	Lernaktivitäten	Material	Kompetenzen
1	PL	5′	L gibt einen Überblick über den Ablauf der bevorstehenden Stunden.		- eine anspruchsvolle Filmauswertung leisten und würdigen - konkrete Betrachtungsaufträge anteilig bearbeiten - selektiv, dann reintegrierend in der Gruppe zusammenarbeiten - Filminhalte visualisieren - kooperativ präsentieren
2	EA	120′	S schauen den Film „Luther" an und machen gezielte Notizen mithilfe der Beobachtungsaufgaben (M1–3).	M1–3, Film	
3	GA	15′	S werten ihre Notizen in Stammgruppen aus und erstellen einen Spickzettel mit den wichtigsten Informationen.	M1–3, Spickzettel	
4	GA	15′	S berichten in ihren Expertengruppen. Die Zuhörer schreiben mit.	M1–3	
5	GA	25′	S visualisieren in ihren Expertengruppen die wichtigsten Botschaften und Informationen des Films.	Karten (DIN A5)	
6	PL	15′	Eine ausgeloste Gruppe präsentiert ihre Ergebnisse im Plenum. L gibt Feedback und ergänzt.	Karten	
7	EA	15′	S bearbeiten in Einzelarbeit ein Arbeitsblatt mit den restlichen Fragen zum Film.	M1–3	
8	PL	15′	Lehrergelenkte Besprechung der Lösungen.	M4–6	

Erläuterungen zur Lernspirale

Ziel der Stunden ist es, den Film „Luther" (2003) von Eric Till auszuwerten. Der Film zeigt die psychologische Entwicklung des jungen Luther vom selbstzweiflerischen Mönch zum Reformator. Die Schüler sollen nachvollziehen, wie die inneren und äußeren Konflikte Luthers sein Kirchen- und Glaubensverständnis herausbildeten und schließlich festigten. Basiswissen aus den vorangegangenen Stunden soll vertieft, neue Informationen (u.a. Worms, Bauernkrieg) erarbeitet und reflektiert werden. Der Schluss des Films (das Augsburger Bekenntnis) leitet über in die folgende Doppelstunde, die den Augsburger Religionsfrieden behandelt.

Zum Ablauf im Einzelnen:
Im **1. Arbeitsschritt** erläutert der Lehrer das Vorgehen für die folgenden Stunden.

Die Schüler schauen im **2. Arbeitsschritt** den gesamten Film (evtl. nur einzelne Kapitel, siehe Tipp) an und machen sich gezielte Notizen. Dabei nutzen sie die vorgegebenen Beobachtungsaufgaben (M1–3).

Im **3. Arbeitsschritt** gehen je drei Schüler mit gleichen Beobachtungsaufgaben zusammen und bilden eine Stammgruppe. Sie werten ihre Notizen aus, klären Fragen und fassen das Wichtigste auf einem Spickzettel oder dem Arbeitsblatt zusammen.

Im **4. Arbeitsschritt** bilden die Schüler Expertengruppen (ein Schüler aus jeder der drei Stammgruppen) und berichten mithilfe ihrer Spickzettel über ihre speziellen Aufträge und Ergebnisse. Die Zuhörer machen sich Notizen ins Heft.

Die Schüler visualisieren im **5. Arbeitsschritt** die wichtigsten Inhalte. Sie besprechen/diskutieren den Filminhalt und arbeiten die wichtigsten Botschaften und Aussagen des Films heraus. Diese werden mit Karten (DIN-A5-Format) visualisiert.

Im **6. Arbeitsschritt** präsentiert eine Gruppe ihre Ergebnisse mithilfe der erstellten Karten. Je nach Zeitfortschritt können mehrere Gruppen präsentieren. Die Klasse ergänzt oder korrigiert bei Bedarf. Der Lehrer und die Klasse geben Feedback bezüglich Inhalt und Form. Es folgt eine lehrergelenkte Aussprache zum Fim (Wahrheitsgehalt des Films, Schwächen von Geschichtsfilmen etc.)

Im **7. Arbeitsschritt** beantworten die Schüler in Einzelarbeit die Fragen zum Film, die sie in ihren Beobachtungsaufgaben aus dem 2. Arbeitsschritt noch nicht bearbeitet haben.

Im **8. Arbeitsschritt** findet eine lehrergelenkte Besprechung der Lösungen im Plenum statt.

Notizen:

✓ Merkposten

Den Film „Luther" von Eric Till mitbringen.

DVD-Player und Fernseher bzw. Laptop zur Verfügung stellen.

Tipps

Der Film „Luther" dauert 121 min. Den Film evtl. fächerübergreifend mit einem korrespondierenden Fach oder in einer Projektwoche zeigen.

Es können auch nur einzelne Kapitel des Films angesehen werden (insges. 14) und die jeweiligen Schlüsselbotschaften mit dieser Lernspirale herausgearbeitet werden.

Wenn die Gesamtsumme der Schüler nicht durch drei teibar ist, jeweils auch zusätzlich Vierergruppen bilden.

Die Buchstaben und Nummern der Expertengruppen einfach auf der Rückseite der Aufgabenblätter notieren.

06 Einen Film über Martin Luther auswerten

Beobachtungsbogen – Teil 1
(0:01–0:38)

1. Mit welchem einschneidenden Erlebnis beginnt der Film nach dem Vorspann?
2. Welche Sprache spricht Luther im Gottesdienst?
3. Was hält Luthers Vater von seinem neuen Beruf?
4. Luther hat Angst vor Gottes Strafe. Was rät ihm sein Beichtvater?
5. Wen befreit Luther in Rom aus dem Fegefeuer und wie funktioniert das?
6. Welche Wende passiert mit Martin auf der Treppe?
7. Warum schickt Luthers Orden ihn nach Wittenberg?
8. Als was wird Luther den Menschen in Wittenberg vorgestellt?
9. Nach welchem Ereignis macht Luther Gott große Vorwürfe?
10. Wie schildert er der Gemeinde Gottes wahres Gesicht?
11. Für wen arbeitet der Sekretär? Womit erpresst er Luther?
12. Womit beeindruckt Tetzel die Einwohner Wittenbergs?
13. Welches Floß bietet er den ängstlichen Menschen an?
14. Vervollständige diesen Satz Tetzels: „Wenn das Geld im Kasten klingt…"
15. Warum gibt Luther Hannah Geld?

Beobachtungsbogen – Teil 2

(0:38–1:11)

1. Was rät Luther Albrecht von Mainz anstelle des Ablasses zu predigen?
2. Wer hilft Luther bei der Veröffentlichung seiner Thesen?
3. Als was bezeichnet Tetzel Luther? Was bedeutet dieses Schimpfwort wohl?
4. Martins Vater begleitet ihn nach Augsburg. Was rät er ihm?
5. Luther darf keine Diskussion anfangen. Welches Wort allein darf er sagen?
6. Welchen Fehler hat Luther in den Augen des Kardinals begangen?
7. Vervollständige Luthers Aussage über den Papst: „Er mag sie (die Heilige Schrift) interpretieren, doch…"
8. Auf wessen Seite steht der Kurfürst?
9. Welche Konsequenz hat es, dass Luther auf Deutsch schreibt?
10. Was weigert sich Kurfürst Friedrich von Sachsen trotz der Bestechung zu tun?
11. Was befiehlt Papst Leo X.?
12. In welcher Stadt gestattet der Kaiser Luther eine Gerichtsverhandlung?
13. Wer rasiert Luther vor der Verhandlung?
14. Wie viel Zeit bekommt Luther, um eine Entscheidung zu treffen?
15. Welchen Satz spricht Luther in der Nacht immer wieder?

Beobachtungsbogen – Teil 3

(1:11–1:58)

1. Wie lautet Luthers endgültige Antwort?
2. Wie reagieren die Zuhörer auf Luthers Antwort?
3. Als was bezeichnet der Kaiser Luther?
4. Was machen die Männer im Wald mit Luther?
5. Wer erwartet ihn auf der Wartburg?
6. Unter welchem Namen will Luthers Professor dessen Nachfolge antreten?
7. Warum übersetzt Luther das Neue Testament ins Deutsche?
8. Gegen was richtet sich die Wut des Volkes?
9. Unter welchem Namen darf Martin Luther die Wartburg verlassen?
10. Wer hat die Bauern zum Krieg angestiftet?
11. Wie viele Menschen sind im Krieg gestorben?
12. Wie heißt die Nonne, die Luther sucht?
13. Was schenkt Luther dem Kurfürsten?
14. Welches Gleichnis liest Luther den Kindern vor?
15. Die Fürsten stellen sich auf Luthers Seite. Wozu sind sie bereit?
16. Mit welcher positiven Nachricht endet der Film?

Beobachtungsbogen – Teil 1 (Lösungen)

(0:01–0:38)

1. Mit welchem einschneidenden Erlebnis beginnt der Film nach dem Vorspann?
   Blitzeinschlag; Martin schwört, ins Kloster zu gehen.
2. Welche Sprache spricht Luther im Gottesdienst?
   Lateinisch
3. Was hält Luthers Vater von seinem neuen Beruf?
   nicht geachteter Beruf; zieht die Ehre seines Vaters in den Schmutz; wollte, dass er Jura studiert
4. Luther hat Angst vor Gottes Strafe. Was rät ihm sein Beichtvater?
   Er soll sich Jesus anvertrauen, um Gottes Liebe zu spüren. „Ich bin dein, erlöse mich!"
5. Wen befreit Luther in Rom aus dem Fegefeuer und wie funktioniert das?
   Großvater Heinrich; Geld, Gebet
6. Welche Wende passiert mit Martin auf der Treppe?
   Er merkt, was die Kirche Schlechtes macht und zerknüllt den Ablassbrief.
7. Warum schickt Luthers Orden ihn nach Wittenberg?
   Theologiestudium
8. Als was wird Luther den Menschen in Wittenberg vorgestellt?
   Pater Martin, neuer Prediger
9. Nach welchem Ereignis macht Luther Gott große Vorwürfe?
   Selbstmord des Jungen
10. Wie schildert er der Gemeinde Gottes wahres Gesicht?
    Gott der Liebe; Vertrauen in Gott nötig
11. Für wen arbeitet der Sekretär? Womit erpresst er Luther?
    Kurfürst Friedrich; die Hand, die euch füttert, nicht beißen (Kurfürst bezahlt Luthers Lehrstuhl)
12. Womit beeindruckt Tetzel die Einwohner Wittenbergs?
    hält die Hand ins Feuer
13. Welches Floß bietet er den ängstlichen Menschen an?
    Ablassbriefe
14. Vervollständige diesen Satz Tetzels: „Wenn das Geld im Kasten klingt …"
    die Seele aus dem Fegefeuer springt."
15. Warum gibt Luther Hannah Geld?
    zahlt Geld für Ablassbrief zurück; nur Papier, Worte bedeuten nichts

Beobachtungsbogen – Teil 2 (Lösungen)

(0:38–1:11)

1. Was rät Luther Albrecht von Mainz anstelle des Ablasses zu predigen?
   das Evangelium
2. Wer hilft Luther bei der Veröffentlichung seiner Thesen?
   seine Studenten
3. Als was bezeichnet Tetzel Luther? Was bedeutet dieses Schimpfwort wohl?
   Ketzer; er fällt der Kirche in den Rücken
4. Martins Vater begleitet ihn nach Augsburg. Was rät er ihm?
   Rede nicht, höre nur zu.
5. Luther darf keine Diskussion anfangen. Welches Wort allein darf er sagen?
   Revoco = Ich widerrufe.
6. Welchen Fehler hat Luther in den Augen des Kardinals begangen?
   neue Lehren verbreitet
7. Vervollständige Luthers Aussage über den Papst: „Er mag sie (die Heilige Schrift) interpretieren, doch…"
   er steht nicht darüber."
8. Auf wessen Seite steht der Kurfürst?
   auf Luthers Seite
9. Welche Konsequenz hat es, dass Luther auf Deutsch schreibt?
   Seine Schriften sind beim Volk in aller Munde.
10. Was weigert sich Kurfürst Friedrich von Sachsen trotz der Bestechung zu tun?
    Luther an Rom auszuliefern
11. Was befiehlt Papst Leo X.?
    Verbrennung der Schriften Luthers → Auslöschung aus den Gedächtnissen
12. In welcher Stadt gestattet der Kaiser Luther eine Gerichtsverhandlung?
    Worms
13. Wer rasiert Luther vor der Verhandlung?
    sein Vater
14. Wie viel Zeit bekommt Luther, um eine Entscheidung zu treffen?
    einen Tag
15. Welchen Satz spricht Luther in der Nacht immer wieder?
    Ich bin dein, erlöse mich.

Beobachtungsbogen – Teil 3 (Lösungen)

(1:11–1:58)

1. Wie lautet Luthers endgültige Antwort?
   Ich kann nicht und ich werde nicht widerrufen.
2. Wie reagieren die Zuhörer auf Luthers Antwort?
   Jubel
3. Als was bezeichnet der Kaiser Luther?
   Dämon
4. Was machen die Männer im Wald mit Luther?
   Sack über Kopf; auf Pferd
5. Wer erwartet ihn auf der Wartburg?
   Spalatin
6. Unter welchem Namen will Luthers Professor dessen Nachfolge antreten?
   Bruder Andreas
7. Warum übersetzt Luther das Neue Testament ins Deutsche?
   Worte, die auch einfache Menschen verstehen
8. Gegen was richtet sich die Wut des Volkes?
   Kirche
9. Unter welchem Namen darf Martin Luther die Wartburg verlassen?
   Junker Jörg
10. Wer hat die Bauern zum Krieg angestiftet?
    Bruder Andreas
11. Wie viele Menschen sind im Krieg gestorben?
    100 000
12. Wie heißt die Nonne, die Luther sucht?
    Katharina von Bora
13. Was schenkt Luther dem Kurfürsten?
    Bibelübersetzung
14. Welches Gleichnis liest Luther den Kindern vor?
    Gleichnis vom verlorenen Sohn
15. Die Fürsten stellen sich auf Luthers Seite. Wozu sind sie bereit?
    halten eigenen Kopf für Luther hin
16. Mit welcher positiven Nachricht endet der Film?
    Kaiser hat Glaubensbekenntnis angehört

LS 07 Der Augsburger Religionsfrieden und die Folgen

		Zeitrichtwert	Lernaktivitäten	Material	Kompetenzen
1	PL	5′	L gibt einen Überblick über den Ablauf der bevorstehenden Stunde.		- einen Sachtext gezielt markieren und exzerpieren - Arbeitsaufgaben visualisieren - Gruppengespräche zielorientiert durchführen - Gesprächsregeln anwenden - kooperativ präsentieren
2	EA	15′	S lesen den Informationstext (M1) und markieren Beschlüsse und Folgen.	M1.A1	
3	PA	5′	S besprechen mit dem Sitznachbarn Unklarheiten oder Verständnisfragen.	M1.A2	
4	GA	25′	S erstellen in Vierergruppen eine Mindmap und einen entsprechenden Spickzettel.	M1.A3, Blankoblätter, Spickzettel, Farb- und Folienstifte	
5	PL	20′	Ausgeloste Tandems präsentieren ihre Mindmaps.	Mindmaps, Spickzettel	
6	PL	10′	L ergänzt oder korrigiert inhaltlich und gibt ein gezieltes Methoden- und Medienfeedback.		
7	PL	10′	Museumsrundgang zur Betrachtung aller Mindmaps mit anschließender Würdigung bzw. Ergänzung oder Korrektur.	Mindmaps, M2	

Tipps

Für eine zeitsparende Zulosung der Schüler zu einer Vierergruppe kann die Zuordnung in der Vorbereitung der Stunde bereits auf die Informationstexte notiert werden (A1/B1/C1…A2/B2/C2..). Bei ungerader Schülerzahl können auch Dreiergruppen gebildet werden.

Die Markierung von Textstellen im Sinne der Aufgabenstellung wird erst dann vorgenommen, wenn der Text bereits einmal durchgelesen wurde. Die entsprechende Vorgehensweise kann auch abschnittweise sinnvoll sein.

Unklarheiten oder Verständnisfragen sind von den Schülern am Rand des Informationsextes in der betreffenden Zeile zu notieren (Fragezeichen, etc.).

Erläuterungen zur Lernspirale

Ziel der Doppelstunde ist, den Schülern tiefgreifende Veränderungen und nachhaltige Entscheidungen in der Geschichte aufzuzeigen. Die Religionsfreiheit ist heute Bestandteil des Grundgesetzes. Anhand des Augsburger Religionsfriedens sollen vergangene und aktuelle religiöse Konflikte und das Thema Toleranz zur Sprache kommen.

Zum Ablauf im Einzelnen:
Im **1. Arbeitsschritt** erläutert der Lehrer das Vorgehen für die folgende Stunde.

Die Schüler lesen im **2. Arbeitsschritt** in stiller Einzelarbeit den Informationstext (M1). Mit zwei komplementärfarbenen Textmarkern markieren sie beim zweiten Lesen jeweils Beschlüsse und Folgen des Augsburger Religionsfriedens.

Im **3. Arbeitsschritt** besprechen die Schüler eventuelle Unklarheiten oder Verständnisfragen mit ihrem Sitznachbarn (Nachbargruppen dürfen ebenfalls befragt werden). Diese Klärungsphasen sind fester Bestandteil im Anschluss an Textbearbeitungsaufgaben. Der Lehrer ist erst dann Ansprechpartner, wenn alle sonstigen Lösungsmöglichkeiten genutzt wurden. Die Inanspruchnahme dieser gegenseitigen Unterstüzungsmöglichkeit sollte vom Lehrer konsequent eingefordert und am Ende der Stunde beim Feedback grundsätzlich thematisiert werden.

Im **4. Arbeitsschritt** teilt der Lehrer die Schüler per Zufall in Vierergruppen ein (siehe Merkposten). Die Gruppen erstellen mithilfe ihrer markierten Texte eine Mindmap (DIN A3), die die Beschlüsse und die Folgen des Religionsfriedens visualisiert. Die Mindmaps werden mit der jeweiligen Nummer der Gruppe beschriftet. Zusätzlich wird von den Schülern ein Spickzettel (DIN A6) angefertigt, der bei der Präsentation der Mindmap im Anschluss benutzt werden darf.

Im **5. Arbeitsschritt** werden aus den einzelnen Gruppen jeweils Tandems ausgelost, die die Mindmaps im Plenum präsentieren. Die Lernprodukte der nicht ausgelosten Gruppen werden gut verteilt und sichtbar im Klassenzimmer ausgehängt.

Im **6. Arbeitsschritt** ergänzt oder korrigiert der Lehrer inhaltlich und gibt ein gezieltes Präsentations- und Medienfeedback.

Im **7. Arbeitsschritt** begehen und besichtigen die Schüler in kleineren Gruppen in einem Museumsrundgang die nicht präsentierten Mindmaps. Anschließend würdigen Lehrer und Schüler besonders gelungene Beispiele. Inhaltliche und visuelle Grundsätze von Mindmaps werden nochmals thematisiert.

Als Ergebnissicherung/Hausaufgabe können die ergänzten Mindmaps ins Heft übertragen werden.

07 Der Augsburger Religionsfrieden und die Folgen

A1 Markiere im Text die Beschlüsse und Folgen des Augsburger Religionsfriedens.

Der Augsburger Religionsfrieden und die Folgen

Im Jahre 1555 schlossen der katholische Kaiser und die evangelisch-lutherisch gewordenen Reichsfürsten in Augsburg einen Friedensvertrag, der „Augsburger Religionsfrieden" genannt wird. Auf andere Weise war im Deutschen Reich der Friede nicht wiederherzustellen. Deutschland war nun in zwei religiöse Lager gespalten: die Katholiken und die Evangelischen, die sich auch Protestanten nennen. Der Augsburger Religionsfrieden besagte, dass nur die Landesherren eines Gebietes bestimmen dürfen, welcher Konfession (= Glaube, religiöses Bekenntnis) die Untertanen angehören sollen. Jeder Fürst bestimmte also, ob in seinem Land der katholische oder der evangelische Glaube galt. „Cuius regio, eius religio" wurde zur Grundlage. Das bedeutet übersetzt: „Wessen Gebiet, dessen Religion". Wechselte ein Fürst das Bekenntnis, mussten ihm die Untertanen folgen. Wollten sie das nicht, konnten sie in ein anderes Land ihrer Konfession auswandern. Nur in den Reichsstädten durften Angehörige beider Konfessionen weiterhin nebeneinander leben.

Einige Ausnahmeregelungen vom sonst klaren Grundsatz des Augsburger Religionsfriedens bargen jedoch großes Konfliktpotenzial. Eine dieser Sonderregelungen war der sogenannte „geistliche Vorbehalt". Geistliche Territorialheren, die sich dazu entschließen wollten, zum evangelischen Glauben zu wechseln, mussten ihr Amt niederlegen und ihre Herrschaft aufgeben. Ziel war es, dass die Reichskirche weiterhin katholisch bleibt. Ungeklärt war auch die Situation der Calvinisten (Anhänger des Reformators Calvin, die die reformierte Kirche gegründet haben) und Täufer. Diese blieben ausdrücklich von den Bestimmungen des Augsburger Religionsfriedens ausgeschlossen, was zum Nährboden für weitere Streitigkeiten wurde.

Trotz all dieser Probleme, kann der Augsburger Religionsfrieden insgesamt als wichtiger Schritt im Fortschreiten der Reformation beschrieben werden. Der Kaiser, der immer wieder versucht hatte, die Reformation Luthers auszulöschen, war mit seinen Bestrebungen gescheitert. Das Luthertum konnte sich behaupten.

Die Folge davon war eine dauerhafte Glaubensspaltung in Deutschland (bis heute!). Die katholischen und die evangelischen Gebiete unterschieden sich nicht nur nach ihrer religiösen Ausrichtung. Da die Religion damals das Leben der Menschen entscheidend bestimmte, waren die Auswirkungen auch im Alltag spürbar. Es gab unterschiedliche Formen der Frömmigkeit, zum Teil andere Feiertage, konfessionell getrennte Schulen und sogar unterschiedliche Baustile. Der Beschluss, dass niemand wegen seines Glaubens benachteiligt werden darf, geht im Grundsatz durchaus zurück auf die Beschlüsse des Augsburger Religionsfriedens. Heute darf jeder Bürger der Bundesrepublik Deutschland seinen Glauben selbst wählen. Im Grundgesetz der Bundesrepublik Deutschland steht: „Niemand darf wegen seines Geschlechts, ... seines Glaubens, ... benachteiligt oder bevorzugt werden" (Art. 3,3). Die Freiheit des Glaubens, des Gewissens und die Freiheit des religiösen und weltanschaulichen Bekenntnisses sind unverletzlich" (Art. 4,1).

Sechzig Jahre lang brachte der Augsburger Religionsfrieden Ruhe ins Deutsche Reich. Erst im 30jährigen Krieg (1618–1648), in dem sich die protestantische Union und die katholische Liga gegenseitig bekämpften, sollte die Feindschaft zwischen den Konfessionen wieder aufbrechen.

A2 Besprich deine Ergebnisse mit einem Partner.

A3 Erstellt in Gruppenarbeit eine Mindmap zu den Beschlüssen und Folgen des Augsburger Religionsfriedens.

Der Augsburger Religionsfrieden und die Folgen (Lösungen)

Beschlüsse:

- Anerkennung des lutherischen Bekenntnisses neben dem katholischen
- Ausschluss weiterer Bekenntnisse (z.B. Calvinismus)
- Freie Konfessionswahl für Fürsten (Ausnahme: Bei Übertritt eines geistigen Fürsten verliert er sein Amt und das Land wird katholisch.)
- Zulassung beider Konfessionen nebeneinander in den Reichsstädten

Folgen:

- Dauerhafte Glaubensspaltung in Deutschland
- Unterschiede zwischen evangelischen und katholischen Gebieten im Alltag (Feiertage, konfessionell getrennte Schulen, unterschiedliche Baustile)
- Entstehung einer evangelischen Theologie (1530) und von evangelischen Landeskirchen
- Ansteigen religiöser Streitigkeiten (Calvinismus und andere Bekenntnisse waren vom Augsburger Religionsfrieden ausgeschlossen.)
- Bildung von Bündnissen: 1608: Gründung der protestantischen Union und Gründung der katholischen Liga

LS 08 Reformation heute – Unterschiede und Gemeinsamkeiten der beiden Konfessionen

		Zeitrichtwert	Lernaktivitäten	Material	Kompetenzen
1	PL	5′	L gibt einen Überblick über den Ablauf der bevorstehenden Stunde.		- Vorwissen reaktivieren - einen Sachtext markieren und exzerpieren - einen hilfreichen Spickzettel erstellen - Arbeitsergebnisse visualisieren - kooperativ präsentieren
2	EA	10′	Zettelabfrage: Was haben die katholische und die evangelische Kirche gemeinsam?	M1, M2	
3	EA	15′	S lesen einen der Informationstexte (M3–6), markieren die wichtigsten Informationen und erstellen einen Spickzettel.	M3–6, Spickzettel	
4	PA	5′	S besprechen Unklarheiten mit textgleichem Sitznachbar.		
5	GA	15′	S tragen sich in einer Vierergruppe die einzelnen Unterschiede gegenseitig vor.	Spickzettel	
6	GA	15′	S erstellen in ihrer Vierergruppe eine Tabelle zu den Unterschieden.	Heft, Spickzettel, M3–6	
7	PL	15′	Ausgeloste Tandems präsentieren ihre Tabellen im Plenum.	Tabellen (als Folien oder Kopien)	
8	PL	10′	L ergänzt oder korrigiert inhaltlich und gibt ein gezieltes Methoden- und Medienfeedback.		

Erläuterungen zur Lernspirale

Ziel der Doppelstunde ist es, die Spaltung der Kirche in zwei große Konfessionen, die bis heute aktuell ist, zu thematisieren. Es soll deutlich gemacht werden, dass ein geschichtliches Thema immer Bezüge zur Gegenwart aufweist und der Lernstoff mitten im Leben der Schüler verankert ist. Gemeinsamkeiten und Unterschiede der Konfessionen prägen unser gemeinsames Leben.

Zum Ablauf im Einzelnen:
Im **1. Arbeitsschritt** erläutert der Lehrer das Vorgehen für die folgende Stunde.

Die Schüler bearbeiten im **2. Arbeitsschritt** eine Zettelabfrage (M1). Mit dieser kurzen Vorwissensabfrage sollen vor allem die Gemeinsamkeiten der beiden Konfessionen ermittelt werden. Der Lehrer gibt im Anschluss an die Bearbeitungszeit die Lösungen (M2) heraus.

Die Schüler lesen im **3. Arbeitsschritt** in stiller Einzelarbeit je einen der Informationstexte (M3–6) und erstellen einen Spickzettel (DIN A6). Dabei arbeiten die Schüler arbeitsteilig, d. h. es gibt vier verschiedene Texte.

Im **4. Arbeitsschritt** besprechen die Schüler eventuelle Unklarheiten oder Verständnisfragen, die sie während des Lesens notiert haben, mit einem textgleichen Sitznachbarn. Der Lehrer sollte deswegen beim Austeilen darauf achten, dass inhaltlich identische Texte Schülern zugeteilt werden, die in unmittelbarer Nähe sitzen.

Im **5. Arbeitsschritt** teilt der Lehrer die Schüler in Vierergruppen mit jeweils verschiedenen Texten ein (siehe Tipps). Die Schüler tragen sich gegenseitig mithilfe ihrer Spickzettel die Unterschiede vor, die in ihrem jeweils bearbeiteten Text erwähnt wurden. Die Zuhörer machen sich dabei Notizen ins Heft.

Im **6. Arbeitsschritt** erstellen die Gruppen mithilfe ihrer Spickzettel eine Tabelle, die die kleineren und die vier ausgewählten größeren Unterschiede der Konfessionen auflistet. Zur Ergänzung dürfen die vorher markierten Texte ebenfalls als Nachschlagemedium benutzt werden. Die Tabelle sollte stichwortartig angelegt werden.

Im **7. Arbeitsschritt** werden aus den einzelnen Gruppen jeweils Tandems ausgelost (siehe Tipps), die die Tabellen präsentieren (je nach Zeitbedarf zwei oder drei Tandems). Es bietet sich an, vor der Präsentation die ausgewälten Tabellen auf OHP-Folie oder auf ein DIN-A3-Blatt zu kopieren und an die Pinnwand/Tafel zu heften, um auch formale Grundsätze einer Tabelle im anschließenden Arbeitsschritt zu thematisieren.

Im **8. Arbeitsschritt** ergänzt oder korrigiert der Lehrer inhaltlich und gibt ein gezieltes Präsentations- und Medienfeedback. Die Rückmeldung kann bei Bedarf auch nach jedem Tandem erfolgen.

Tipps
Für eine zeitsparende Zulosung der Schüler zu einer Vierergruppe kann die Zuordnung in der Vorbereitung der Stunde bereits auf die Informationstexte notiert werden (A1/B1/C1...A2/B2/C2..). Bei ungerader Schülerzahl können auch Fünfergruppen gebildet und dabei ein Text doppelt vergeben werden.

Glückwunschkarten, d.h. Karten zur Ermittlung der Präsentationsverantwortlichen herstellen. Der Lehrer schreibt dazu auf ein bis zwei DIN-A7-Kärtchen das Wort „Glückwunsch!" Auf einigen weiteren Karten steht nichts. Steht eine Präsentation an, so losen die betreffenden Gruppenmitglieder. Wer die Glückwunschkarte zieht, darf präsentieren.

08 Reformation heute – Unterschiede und Gemeinsamkeiten der beiden Konfessionen

Was haben die evangelische und die katholische Kirche gemeinsam?
Kreuze die richtigen Antworten an.

Den Glauben an Jesus Christus als einzigen Sohn Gottes	
Das Vaterunser	
Karitative Einrichtungen, die Menschen in der Welt helfen	
Rechtfertigungslehre	
Die Bibel	
Gemeinsame Feste, z.B. Ostern, Himmelfahrt, Pfingsten, Weihnachten	
Die Taufe	
Die Dreifaltigkeit (= Gott besteht aus Vater, Sohn und Heiligem Geist)	
Den Altar	
Kirchenmusik mit Orgel	
Kirchenlieder von Paul Gerhard und Luther	
Den Segen	
Die Einsetzungsworte beim Abendmahl/der Eucharistie	
Die Abendmahlsgeräte	
Die Mission	
Den Glauben an eine Auferstehung von den Toten	
Das Taufbecken	
Den Glockenturm	

Lösungen

Den Glauben an Jesus Christus als einzigen Sohn Gottes	x
Das Vaterunser	x
Karitative Einrichtungen, die Menschen in der Welt helfen	x
Rechtfertigungslehre	
Die Bibel	x
Gemeinsame Feste, z.B. Ostern, Himmelfahrt, Pfingsten, Weihnachten	x
Die Taufe	x
Die Dreifaltigkeit (= Gott besteht aus Vater, Sohn und Heiligem Geist)	x
Den Altar	x
Kirchenmusik mit Orgel	x
Kirchenlieder von Paul Gerhard und Luther	x
Den Segen	x
Die Einsetzungsworte beim Abendmahl/der Eucharistie	
Die Abendmahlsgeräte	x
Die Mission	x
Den Glauben an eine Auferstehung von den Toten	x
Das Taufbecken	x
Den Glockenturm	x

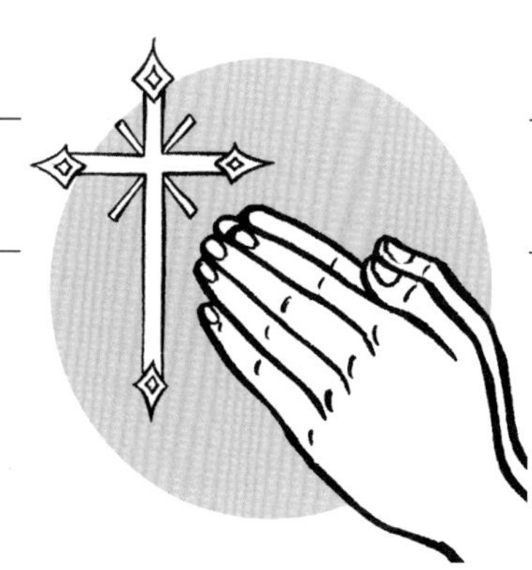

Reformation heute – Unterschiede und Gemeinsamkeiten der beiden Konfessionen

Wenn man nacheinander einen katholischen und einen evangelischen Gottesdienst besucht, entdeckt man hunderte von kleinen, aber feinen Unterschieden: Katholische Kirchen sind oft prunkvoll gestaltet, evangelische Kirchen dagegen einfach und schlicht gehalten. Der katholische Priester trägt ein weißes, der evangelische Pfarrer ein schwarzes Gewand.
Es gibt aber auch einige wenige, zentrale Unterschiede, die die beiden Konfessionen grundlegend voneinander abgrenzen.
Einer dieser Unterschiede liegt im Verständnis der Sakramente.

Sakramente

Katholiken kennen sieben Sakramente, während Evangelische nur zwei pflegen. Sakramente (= heilige Geheimnisse) sind religiöse Riten, die in Form einer sichtbaren Zeichenhandlung an der unsichtbaren Wirklichkeit Gottes Anteil haben lassen. Das heißt theologisch: In einem Sakrament ist Gott real gegenwärtig und erfahrbar.

In der katholischen Kirche gelten folgende Rituale als Sakramente:
die Taufe, die Beichte, die Eucharistie (das Abendmahl), die Firmung (eine „Bestätigung" der Taufe), die Ehe, die Weihe eines Geistlichen und die Salbung eines Kranken.

Luther war der Meinung, dass die katholische Kirche durch diese Festlegung eigenmächtig über die Gegenwart Gottes verfüge und reduzierte die Sakramente auf zwei, nämlich die beiden, die Jesus selbst eingesetzt hat: Taufe und Abendmahl. Während der Taufe Jesu war Gottes Geist in Gestalt einer Taube anwesend – und beim letzten Abendmahl verkündete Jesus, dass er in dieser Handlung zugegen sei und auch in Zukunft erfahren werden könne.

Dieses unterschiedliche Sakramentsverständnis hat natürlich Folgen: Während eine evangelische Frau ein zweites Mal kirchlich heiraten kann, ist das nach katholischem Verständnis nicht möglich, weil die Ehe dort als heilig gilt und alles Heilige Ewigkeitswert hat. Während die Beichte bei den Katholiken ebenfalls als heiliger Akt gehandelt wird, sprach Luther ihr diese Bedeutung ab – was nicht heißt, dass er sie abschaffen wollte.

Trotz der Unterschiede zwischen katholischer und evangelischer Glaubensrichtung bewegen sich die beiden Konfessionen heutzutage immer mehr aufeinander zu. So gibt es an vielen Orten „ökumenische Arbeitskreise", in denen die Gemeinden gemeinsame Veranstaltungen planen und auch ökumenische Gottesdienste miteinander feiern.

Reformation heute: Unterschiede evangelisch – katholisch

Wenn man nacheinander einen katholischen und einen evangelischen Gottesdienst besucht, entdeckt man hunderte von kleinen, aber feinen Unterschieden: Katholische Kirchen sind oft prunkvoll gestaltet, evangelische Kirchen dagegen einfach und schlicht gehalten. Der katholische Priester trägt ein weißes, der evangelische Pfarrer ein schwarzes Gewand.
Es gibt aber auch einige wenige, zentrale Unterschiede, die die beiden Konfessionen grundlegend voneinander abgrenzen.
Einer dieser Unterschiede liegt in der Fortführung von Traditionen und der Morallehre.

Tradition und Morallehre

Katholiken pflegen teilweise sehr alte kulturelle Formen, während Evangelische einige dieser Traditionen für überflüssig halten. Dazu gehören der ursprünglich katholische Karneval, die Regel, dass nur Männer das Priesteramt ausüben dürfen, oder der Zölibat (das Verbot der Priesterehe).

Auch in moralischen Fragen zeigt sich Rom meist konservativer als die Protestanten. So hat die katholische Kirche vor einigen Jahren entschieden, Frauen, die über einen Schwangerschaftsabbruch nachdenken, nicht mehr zu beraten, weil am Ende einer solchen Beratung oftmals ein Schein ausgestellt werden musste, der den Abbruch genehmigt.

Ähnlich klar ist der katholische Standpunkt beim Umgang mit künstlicher Empfängnisverhütung. Diese ist verboten, weil die Fortpflanzung nicht verhindert werden soll – getreu dem biblischen Gebot „Seid fruchtbar und mehret euch". Aus evangelischer Sicht ist Sexualität nicht nur auf Fortpflanzung ausgerichtet. Sie ist ein möglicher Ausdruck von Liebe und engster Zuneigung. Verhütung wird daher ausdrücklich bejaht. Das Verbot von Kondomen gerät jedoch aktuell auch unter den Katholiken wieder in Diskussion, weil durch eine Erlaubnis dieser Aids vielerorts eingedämmt werden könnte.

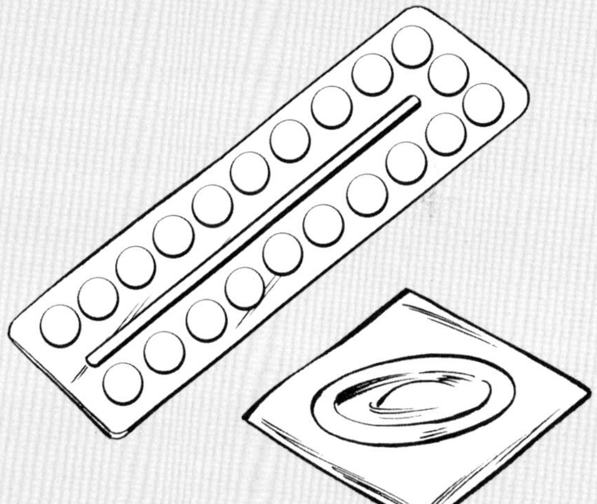

Trotz der Unterschiede zwischen katholischer und evangelischer Glaubensrichtung bewegen sich die beiden Konfessionen heutzutage immer mehr aufeinander zu. So gibt es an vielen Orten „ökumenische Arbeitskreise", in denen die Gemeinden gemeinsame Veranstaltungen planen und auch ökumenische Gottesdienste miteinander feiern.

Reformation heute: Unterschiede evangelisch – katholisch

Wenn man nacheinander einen katholischen und einen evangelischen Gottesdienst besucht, entdeckt man hunderte von kleinen, aber feinen Unterschieden: Katholische Kirchen sind oft prunkvoll gestaltet, evangelische Kirchen dagegen einfach und schlicht gehalten. Der katholische Priester trägt ein weißes, der evangelische Pfarrer ein schwarzes Gewand.
Es gibt aber auch einige wenige, zentrale Unterschiede, die die beiden Konfessionen grundlegend voneinander abgrenzen.
Einer dieser Unterschiede ist die Heiligenverehrung.

Heiligenverehrung

Bei den Katholiken werden Menschen, die ein tadelloses, selbstloses und für den Glauben eintretendes Leben geführt haben, in einem Kanonisierungsprozess vom Papst erst selig und dann offiziell heilig gesprochen. Katholische Gläubige beten diese Menschen im Gottesdienst an und bitten sie um Beistand, um so von Gott Wohltaten zu erlangen. Evangelische halten eine derartige Mittlerrolle Verstorbener für Aberglauben.

Schon früh gab es in der christlichen Kirche die Sehnsucht, vorbildliche Christen zu verehren. Man war der Überzeugung, sie hätten schon eine höhere Stufe der Gnade erreicht und könnten sich deshalb bei Gott für die Menschen verwenden. Um ihrer Verehrung Ausdruck zu verleihen, fingen viele Christen an, die sterblichen Reste solcher „Glaubenshelden" zu sammeln, die sogenannten „Reliquien" (= Überbleibsel). Auch wenn die erste offizielle päpstliche Heiligsprechung erst im Jahr 933 stattfand, hat die Heiligenverehrung also eine lange Tradition.

Bis heute spielen Heilige bei Katholiken eine wichtige Rolle. Vor Heiligenbildern verbeugen sich die Gläubigen und machen das Kreuzzeichen. Außerdem wird der Heiligen in vielen Gottesdiensten gedacht. Ja, bis heute werden in den Altar einer katholischen Kirche Reliquien eingelegt.

Luther verachtete diesen „ganzen Firlefanz" – woraufhin einige seiner Schüler alle Heiligenbilder aus den Kirchen entfernten. Dies ist mit ein Grund, warum evangelische Kirchen – im Vergleich zu katholischen – oft eine schlichtere Gestaltung aufweisen.

Trotz der Unterschiede zwischen katholischer und evangelischer Glaubensrichtung bewegen sich die beiden Konfessionen heutzutage immer mehr aufeinander zu. So gibt es an vielen Orten „ökumenische Arbeitskreise", in denen die Gemeinden gemeinsame Veranstaltungen planen und auch ökumenische Gottesdienste miteinander feiern.

Reformation heute: Unterschiede evangelisch – katholisch

Wenn man nacheinander einen katholischen und einen evangelischen Gottesdienst besucht, entdeckt man hunderte von kleinen, aber feinen Unterschieden: Katholische Kirchen sind oft prunkvoll gestaltet, evangelische Kirchen dagegen einfach und schlicht gehalten. Der katholische Priester trägt ein weißes, der evangelische Pfarrer ein schwarzes Gewand.
Es gibt aber auch einige wenige, zentrale Unterschiede, die die beiden Konfessionen grundlegend voneinander abgrenzen.
Einer dieser Unterschiede ist der Papst.

Papst

Katholiken haben ein geistliches Oberhaupt, das Herr ihrer gesamten Kirche ist, während Evangelische eine solche zentralistische Leitungsfigur ablehnen. Dieses katholische Oberhaupt, der Papst (= Vater), residiert seit 1871 im Apostolischen Palast neben dem Petersdom in Rom.

Nach katholischem Verständnis gilt der Papst als rechtmäßiger Nachfolger des Apostels Petrus, dem Jesus zugesagt hatte: „Auf diesen Felsen will ich meine Kirche bauen." Und da der Name Petrus „Fels" bedeutet, wurde der Jünger zum Leiter eines Amtes ernannt, das er – nach katholischem Verständnis – an seinen Nachfolger weitergeben kann. Allerdings entwickelte sich dieser universale Anspruch des Bischofs von Rom erst langsam im Lauf des ersten Jahrtausends und wurde endgültig im Jahr 1075 in der Verlautbarung „Dictatus Papae" festgeschrieben. In der römisch-katholischen Kirche gilt der Papst seither als oberster Herr der Gesamtkirche und Stellvertreter Christi auf Erden – ein Anspruch, der von allen anderen christlichen Kirchen nicht anerkannt wird.

Tatsächlich war den Reformatoren die Vorstellung, dass es einen Papst zur Vermittlung zwischen Gott und den Menschen braucht, von Anfang an ein Dorn im Auge, denn der Grundgedanke des Protestantismus „Durch Jesus Christus kann jeder Mensch direkt zu Gott kommen" ist mit dem Vermittlungsanspruch eines Papstes nicht zu vereinen. Zusätzlich hatte ihre Ablehnung der römischen Kirchenfürsten damals auch politische Gründe, weil der Papst im ausgehenden Mittelalter nicht nur geistlicher Leiter, sondern zugleich Feldherr und Regent war und großen Einfluss auf die weltlichen Machthaber hatte.

Trotz der Unterschiede zwischen katholischer und evangelischer Glaubensrichtung bewegen sich die beiden Konfessionen heutzutage immer mehr aufeinander zu. So gibt es an vielen Orten „ökumenische Arbeitskreise", in denen die Gemeinden gemeinsame Veranstaltungen planen und auch ökumenische Gottesdienste miteinander feiern.

LS 09 Der große Preis – ein Klassenquiz

		Zeitrichtwert	Lernaktivitäten	Material	Kompetenzen
1	PL	5′	L gibt einen Überblick über den Ablauf der bevorstehenden Stunde.	M1	- wichtige Inhalte des Themenbereichs Reformation wiederholen und festigen - relevante Fragen zu den jeweiligen Unterthemen generieren - in einer Gruppe kooperativ arbeiten - überzeugend argumentieren - andere Meinungen gelten lassen - Gesprächsregeln einhalten - zielorientiert arbeiten
2	EA	20′	S werden einem der vorgegebenen Oberbegriffe (M1) zugelost. S erstellen Fragekärtchen mit der entsprechenden Antwort auf der Rückseite.	M2, Kärtchen	
3	GA	15′	S wählen fünf Fragen aus, ordnen sie den Schwierigkeitsgraden zu und heften sie an die Pinnwand/Tafel.	Fragekärtchen	
4	PL	40′	Durchführung des Klassenquiz.		
5	PL	10′	L ergänzt inhaltlich und gibt ein gezieltes Methodenfeedback.		

✓ Merkposten

Bei der Erstellung der Fragekärtchen sind keine geschlossenen Fragen erlaubt.

Die Mindestanzahl der Fragen muss der Anzahl der anwesenden Schüler entsprechen.

Tipps

Eventuell auch eine Kategorie „Lehrerfrage" ins Raster integrieren oder als Zeitpuffer einsetzen.

Für die zusätzliche Motivation: jeder Gruppe beim Quiz einen Joker zugestehen. Für die richtige Beantwortung gibt es entsprechend dann den doppelten Wert gutgeschrieben.

Erläuterungen zur Lernspirale

Ziel der Doppelstunde ist, dass die Schüler durch das Spielen eines Klassenquiz' wichtige Inhalte des Themenbereichs Reformation wiederholen und festigen.

Zum Ablauf im Einzelnen:
Im **1. Arbeitsschritt** erläutert der Lehrer das Vorgehen für die folgende Stunde. Er heftet die Begriffs- und Zahlkärtchen (M2), die er vorab ausgeschnitten hat, wie auf dem Bild (M1) gezeigt, an die Tafel/Pinnwand. An der linken Seite des entstehenden Rasters werden Kärtchen mit den Ziffern 20 bis 100 ausgehängt. Diese markieren den Punktewert, den die Schüler für die richtige Beantwortung einer Frage gutgeschrieben bekommen. Die Aufgabe der Schüler ist es, zu den ausgehängten Oberbegriffen Fragekärtchen mit den entsprechenden Antworten auf der Rückseite zu erstellen.

Die Schüler werden im **2. Arbeitsschritt** einem Oberbegriff/Unterrichtsthema der Lehrplaneinheit (siehe M1) aus dem Raster zugelost und erstellen anschließend in stiller Einzelarbeit vier bis fünf Fragekärtchen (DIN A6). Zur Erarbeitung dürfen sie ihre Notizen der vorigen Stunden benutzen. Die entsprechenden Antworten auf die erstellten Fragen notieren sie auf die Rückseite der Kärtchen. Schüler, die schneller fertig sind, dürfen weitere Fragen erarbeiten.

Im **3. Arbeitsschritt** treffen sich Schüler, die dem gleichen Oberbegriff zugelost wurden, in der Gruppe. Aus ihren erstellten Fragen wählen sie in der Diskussion miteinander insgesamt fünf aus und ordnen sie den vorgegebenen Schwierigkeitsgraden zu (20 Punkte = niedrigster Schwierigkeitsgrad, 100 Punkte = höchster Schwierigkeitsgrad). Die Kärtchen werden dann von den einzelnen Gruppen an die Pinnwand oder die Tafel geheftet.

Für den **4. Arbeitsschritt** teilt der Lehrer die Klasse in zwei Gruppen ein (per Zufall oder nach Leistungsniveau gemischt). Eine Gruppe sollte anschließend auf der linken, die andere auf der rechten Seite im Klassenzimmer sitzen. Es wird ausgelost, welche Gruppe beginnt. Ein Schüler der beginnenden Gruppe benennt nun einen Schüler aus der anderen Gruppe, der Kategorie und Schwierigkeitsgrad der Frage wählen kann. Dann wird die Frage des entsprechenden Kärtchens vorgelesen. Kann der Schüler sie beantworten, so erhält die Gruppe die entsprechende Punktzahl (20–100) gutgeschrieben. Kann er sie nicht beantworten, so darf ein Schüler seiner Gruppe die Antwort nennen. In diesem Fall erhält die Gruppe nur die Hälfte der entsprechenden Punktzahl. Der Schüler, der gerade an der Reihe war, ruft nun seinerseits einen Schüler aus der anderen Gruppe auf, der die nächste Frage auswählen und beantworten muss. Es dürfen immer nur Schüler ausgesucht werden, die noch nicht an der Reihe waren. Benutzte Fragekärtchen werden von der Pinnwand/Tafel entfernt. Es bietet sich an, aus jeder Gruppe Schüler zu benennen, die die jeweiligen erreichten Punkte sichtbar notieren. Der Lehrer ergänzt und korrigiert bei Bedarf die Antworten.

Im **5. Arbeitsschritt** wird die Siegergruppe gewürdigt. Der Lehrer gibt Rückmeldung über den Verlauf der Stunde und ergänzt eventuell nicht gestellte wichtige Fragen.

Notizen:

09 Der große Preis – ein Klassenquiz

LS 09.M1 Tafelbild „Klassenquiz“

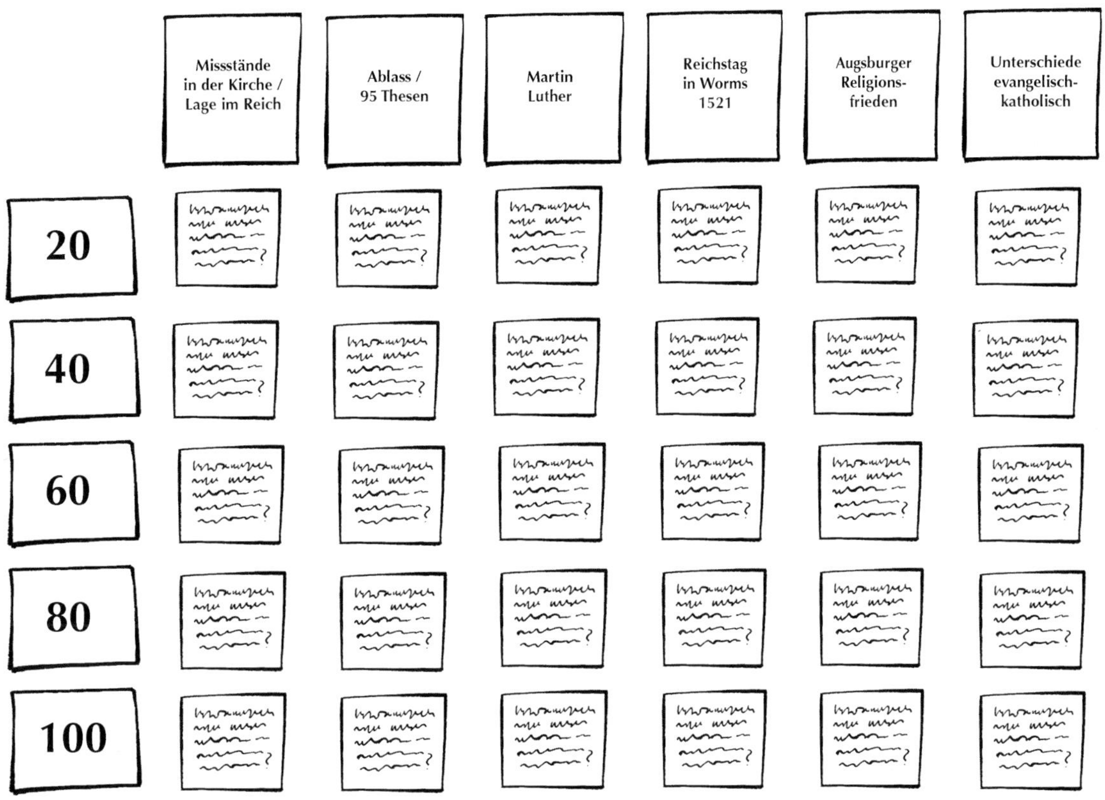

LS 09.M2 Kärtchen „Klassenquiz“

Lage im Reich und der Gesellschaft um 1500	**Ablass/95 Thesen**
Martin Luther	**Fragen zum Film**

Reichstag in Worms 1521	**Augsburger Religionsfrieden**
Unterschiede evangelisch – katholisch	**20**
40	**60**
80	**100**

LS 01 Der Absolutismus – eine Begriffsbestimmung

		Zeitrichtwert	Lernaktivitäten	Material	Kompetenzen
1	PL	5′	L gibt einen Überblick über den Ablauf der bevorstehenden Stunde.		- einen Sachtext zielgerichtet markieren und exzerpieren - anderen Schülern helfen - einen hilfreichen Spickzettel erstellen - die Doppelkreismethode anwenden - relevante Fragen zum Unterrichtsinhalt generieren - kooperativ präsentieren
2	PL	5′	L zeigt Bildquelle mit Zitat (M1). Kurze Murmelphase.	M1 (auf Folie)	
3	EA	15′	S lesen und markieren den Informationstext (M2).	M2	
4	PA	5′	S besprechen mit Zufallspartnern Unklarheiten oder Verständnisfragen.	M2	
5	EA	15′	S erstellen Spickzettel.	M2, Spickzettel	
6	PA	15′	S halten sich gegenseitig Kurzvorträge im Doppelkreis.	Spickzettel	
7	PA	10′	S formulieren in Partnerarbeit Fragen zum Text.	Heft	
8	PL	20′	S spielen mit den erstellten Fragen ein Klassenquiz.	Spickzettel	

Erläuterungen zur Lernspirale

Ziel der Doppelstunde ist es, den Schülern den Begriff Absolutismus zu erklären und diesen mit Leben zu füllen. Grundbegriffe der absolutistischen Herrschaft Ludwigs XIV. und seine persönliche Herrschaftsauffassung werden mehrstufig erarbeitet.

Zum Ablauf im Einzelnen:
Im **1. Arbeitsschritt** erläutert der Lehrer das Vorgehen für die folgende Stunde.

Im **2. Arbeitsschritt** zeigt er ein Gemälde sowie eine Äußerung Ludwigs XIV. (M1) am OHP. Nach einer kurzen Murmelphase erfolgt dazu eine Diskussion im Plenum.

Die Schüler lesen im **3. Arbeitsschritt** in stiller Einzelarbeit den vorliegenden Informationstext (M2) und markieren wichtige Informationen und Schlüsselbegriffe. Unklare Stellen werden als Randnotizen vermerkt.

Im **4. Arbeitsschritt** besprechen die Schüler mit ausgelosten Zufallspartnern Unklarheiten oder Verständnisfragen, die sie während des Lesens notiert haben. Anschließend beraten sie gemeinsam, wie ein sinnvoller Spickzettel zum Textinhalt gestaltet werden kann.

Im **5. Arbeitsschritt** erstellen die Schüler in Einzelarbeit ihre persönlichen Spickzettel als Grundlage für einen späteren Vortrag. Sitz- oder Banknachbarn können bei Bedarf um Rat gefragt werden.

Im **6. Arbeitsschritt** berichten die Schüler im Doppelkreis wechselnden Zufallspartnern mithilfe ihrer Spickzettel den Textinhalt. Dazu stehen sie sich in einem Innen- und einem Außenkreis paarweise gegenüber. Durch Rotation des Innen- oder des Außenkreises können beliebig viele neue Partnerkonstellationen gebildet werden, in denen die Präsentation ein weiteres Mal erfolgen kann.

Im **7. Arbeitsschritt** formulieren die Tandempartner aus dem 4. Arbeitsschritt mehrere Fragen, auf die der Text Antwort gibt, und bereiten damit ein Quiz vor. Der Lehrer gibt die Anzahl der Fragen vor (je nach Zeitfortschritt die Anzahl abwägen: ca. zwei bis vier Fragen).

Zwei ausgeloste Schüler fassen im **8. Arbeitsschritt** zur Wiederholung nochmals den Textinhalt mithilfe ihrer Spickzettel zusammen. Dann werden die vorab erstellten Fragen in Form eines Klassenquiz' beantwortet: Die Klasse wird in zwei gleich große Gruppen eingeteilt. Ein Schüler der ersten Gruppe liest die erste Frage vor. Wer aus der zweiten Gruppe die Antwort weiß, meldet sich. Ist die Antwort richtig, bekommt die entsprechende Partei zwei Punkte gutgeschrieben. Wird die Frage falsch oder nicht beantwortet, so können sich andere Schüler aus der Gruppe, die an der Reihe ist, melden. Bei einer richtigen Antwort wird der Gruppe ein Punkt gutgeschrieben. Es gilt: Wer zuerst aufzeigt, darf als Erster antworten. Derjenige, der die Frage richtig beantwortet hat, darf die nächste Frage stellen usw. Sieger ist die Gruppe, welche am Ende die meisten Punkte gesammelt hat. Der Lehrer ergänzt oder korrigiert bei Bedarf inhaltlich und gibt ein gezieltes Methodenfeedback.

✓ Merkposten
Für Spickzettel immer ausreichend DIN-A6-Zettel vorbereiten und mitführen.

Info Murmelphase:
Unterbrechung einer Lehrerpräsentation oder einer Arbeitsphase durch kurze Nachbarschaftsgespräche der Schüler. Dadurch wird erreicht, dass sich die Schüler zwischendurch einmal Luft machen und etwaige Verständnisschwierigkeiten beheben oder den betreffenden Unterrichtsinhalt diskutieren. Murmelphasen dauern in der Regel ein bis zwei Minuten.

01 Der Absolutismus – eine Begriffsbestimmung

Könige sind die alleinigen Richter über das Glück und die Führung der Menschen, sie sind **absolute** Herren und haben die volle und freie Verfügung über die Güter ihrer Untertanen.
Gott, der den Menschen Könige gegeben hat, hat gewollt, dass man sie achte als seine Stellvertreter, indem er sich alleine das Recht vorbehält, ihre Führung zu prüfen.

(aus den Memoiren Ludwigs XIV.)

Der Absolutismus – eine Begriffsbestimmung

„Absolutismus" bezeichnet eine monarchische Regierungsform, in der der Fürst alleine die uneingeschränkte Herrschaftsgewalt nach innen und außen besitzt. Er ist zwar alleiniger Gesetzgeber, ist selbst aber nicht an die weltlichen Gesetze gebunden (*legibus ab-solutus*: von den Gesetzen gelöst). Einzige Beschränkung des absoluten Fürsten sind die göttlichen Gesetze.
Der Absolutismus entwickelte sich in vielen europäischen Ländern als Folge der Auflösung der mittelalterlichen Ordnung sowie der Glaubenskriege. Dabei entstanden von Staat zu Staat sehr unterschiedliche Erscheinungsformen des Absolutismus. Blütezeit des Absolutismus waren das 17. und 18. Jahrhundert.

Nach dem Dreißigjährigen Krieg gab es in Deutschland acht Kurfürstentümer, 165 geistliche und weltliche Fürstentümer, 61 Reichsstädte und ca. 1500 kleinere Herrschaften – der Kaiser verfügte nicht über die uneingeschränkte staatliche Macht. Ganz anders war die Situation in Frankreich. Seit dem Mittelalter stieg die Macht der französischen Könige ständig an.

Als Paradebeispiel eines absoluten Herrschers gilt der französische König Ludwig XIV. (1638–1715). Dieser kam bereits mit fünf Jahren auf den Thron. Solange er minderjährig war, führte Kardinal Mazarin die Regierungsgeschäfte. Im Jahre 1661 starb Mazarin und Ludwig XIV. regierte selbst. Zu diesem Zeitpunkt war der König 22 Jahre alt. Der ihm zugeschriebene Ausspruch „Der Staat bin ich" charakterisiert das Wesen der absolutistischen Herrschaft besonders gut. Neben dem König konnte es keine anderen Autoritäten geben. Das Leben des gesamten Staates war auf ihn ausgerichtet.

König Ludwig der XIV. wurde auch als „König von Gottes Gnaden" und als „Sonnenkönig" bezeichnet. Was damit gemeint ist erklärte Bischof Bousset. Der königliche Hofprediger und Erzieher des Thronfolgers schrieb 1682: „Die Fürsten handeln als Gottes Diener und Statthalter auf Erden. Durch sie übt Gott seine Herrschaft aus. Der König braucht niemandem Rechenschaft abzulegen über das, was er befiehlt. Der Fürst kann sich nur selbst zurechtweisen, wenn er merkt, dass er Böses getan hat."
Somit galt Ludwig XIV., weil von Gott eingesetzt, als unantastbar: Sein Wort war Gesetz.

In prächtigen Schlössern mit einem großen Hofstaat, den der bisher selbstständige Adel bildete, führten die absolutistischen Herrscher ihren Reichtum zur Schau und demonstrierten so ihre Macht. Als Symbol seines königlichen Wappens wählte Ludwig XIV. die Sonne. Wie die Sonne war auch er der Mittelpunkt des Staates – so zumindest sah sich der König. Das Ziel der absolutistischen Fürsten, die Herrschaft alleine in ihrer Hand zusammenzufassen, führte zum Konflikt mit dem Adel, der seine bisherige Machtstellung nicht einfach aufgeben wollte.

LS 02 Das Schloss Versailles und der Alltag Ludwigs XIV. – ein Interview durchführen

		Zeitrichtwert	Lernaktivitäten	Material	Kompetenzen
1	PL	5′	L gibt einen Überblick über den Ablauf der bevorstehenden Stunde.		- Texte zielgerichtet markieren und exzerpieren - kooperativ in der Gruppe arbeiten - eigene Argumente begründen - andere Meinungen gelten lassen - ein Interview schriftlich erstellen und durchführen - kooperativ präsentieren
2	EA	10′	S lesen und markieren das Basismaterial.	M1, M2	
3	GA	15′	Bildung von zwei Journalisten- und Expertengruppen. S bereiten Fragen und Antworten vor.	M1, M2, Heft	
4	PA	15′	S führen das Interview. Journalisten fragen, Experten antworten.	Spickzettel	
5	GA	10′	Reflexion des Interviews in Zufallsgruppen.	Spickzettel	
6	PA	20′	S schreiben einen Zeitungsbericht zum Interview.	Heft	
7	PL	15′	Präsentation und Reflexion von Interviews und Zeitungsberichten im Plenum.		

✓ Merkposten

Vorzubereiten ist die Gruppen- und Tandembildung. Hier empfiehlt sich die rückseitige Beschriftung des Basismaterials mit den Kürzeln J1, J2, J3 etc. sowie E1, E2, E3 etc. (J=Journalist; E=Experte). In Gruppenphasen gehen z.B. J1 bis J6 und J7 bis J12 zusammen, in Tandemphasen J1 und E1, J2 und E2 etc.

Tipps

Je nach Leistungsniveau der Klasse kann auch nur eines der Materialien (M1, M2) zur Verfügung gestellt werden.

Alternativ kann die Klasse schon zu Beginn der Stunde in zwei Gruppen aufgeteilt werden, die sich arbeitsteilig mit jeweils nur einem der beiden Texte beschäftigen.

Erläuterungen zur Lernspirale

Ziel der Doppelstunde ist, dass die Schüler die Lebenswelt und den Tagesablauf eines absolutistischen Herrschers am Beispiel Ludwigs XIV. kennenlernen und kritisch hinterfragen. Mithilfe der Interviewmethode bohren sich die Schüler aus zwei unterschiedlichen Perspektiven (Experte und Journalist) in den jeweiligen Lernstoff hinein. Indem die Interviews auch tatsächlich durchgeführt werden, entsteht ernsthaftes Lernen.

Zum Ablauf im Einzelnen:
Im **1. Arbeitsschritt** erläutert der Lehrer das Vorgehen für die folgende Stunde.

Für den **2. Arbeitsschritt** erhalten die Schüler die Basismaterialen (M1 und M2), die jeweils aus einem Bild sowie einem dazugehörigen Informationstext bestehen. In Einzelarbeit betrachten die Schüler die Bilder und setzen die entsprechenden Textinhalte mit diesen in Beziehung. Wichtige Stellen oder etwaige Unklarheiten werden markiert bzw. notiert.

Im **3. Arbeitsschritt** werden die Interviewrollen verteilt (siehe Merkposten). Per Los werden die Schüler in je zwei Experten- und zwei Journalistengruppen eingeteilt. Die Journalisten antizipieren mögliche Fragen zum Text und überlegen sich dabei, wie sie die Fragen selbst beantworten würden. Die Experten hingegen klopfen das Basismaterial auf relevante „Schlüsselfragen" hin ab und notieren gruppenintern, was sie darauf antworten könnten, in ihr Heft.

Im **4. Arbeitsschritt** wird das Interview geführt. Dazu gehen Schüler mit gleichen Ziffern (z.B. J1 und E1, J2 und E2 usw.) zusammen. Die Journalisten fragen, die Experten antworten.

Für den **5. Arbeitsschritt** werden durch Auslosen mehrere Zufallsgruppen gebildet. Innerhalb der Gruppen findet eine Reflexion der geführten Interviews statt: Was war interessant? Wo gab es Unsicherheit? Was ist offen geblieben? etc. Geeignete Leitfragen zum geforderten Basiswissen (Inhalt) und zu den Kriterien eines guten Interviews (Form) können dabei vom Lehrer vorgegeben werden.

Die Tandempartner aus dem 4. Arbeitschritt gehen im **6. Arbeitsschritt** erneut zusammen und schreiben einen zusammenfassenden Zeitungsbericht über das Interview in ihr Heft.

Im **7. Arbeitsschritt** folgt die Präsentation und Reflexion der Arbeitsergebnisse. Ausgeloste Tandems lesen ihre schriftlichen Interviewfassungen mit verteilten Rollen vor und stellen sich der Kritik und Aussprache in der Redaktionskonferenz (Plenum). Anschließend verlesen sie ihren Zeitungsbericht.

Notizen:

02 Das Schloss Versailles und der Alltag Ludwigs XIV. – ein Interview durchführen

Das Schloss Versailles

Prinzessin Liselotte von der Pfalz, Tochter des Kurfürsten von Heidelberg, verheiratet mit einem Bruder des Königs, schrieb über Versailles:

„Es herrscht hier in Versailles eine Pracht, die du dir nicht ausdenken kannst. An Marmor und Gold wurde nicht gespart. Edelsteine, Spiegel, Edelhölzer, Teppiche, wohin du schaust. Köstliche Gemälde und Statuen an den Wänden. Und erst die Springbrunnen, Wasserkünste und Pavillons in dem riesigen Park. Denke dir nur, alle Alleen, Wege und Wasserläufe sind auf das Schlafzimmer des Königs, das im Zentrum des Schlosses liegt, ausgerichtet."

Versailles war ursprünglich eine sumpfige Einöde. In einem „Sumpf, in dem Nattern, Kröten und Frösche hausten" – so berichtet ein Zeitgenosse –, ließ der König das Jagdschlösschen seines Vaters zur glanzvollen Residenz erweitern.
Von 1661 bis 1689 bauten bis zu 36 000 Arbeiter an der Schlossanlage. 6 000 Pferde waren zum Transport der Materialien eingesetzt. Das ganze Schloss kostete 440 000 Kilogramm Feingold. Die gesamte Hofhaltung verschlang gigantische Summen. Bezahlen mussten das vor allem die Menschen aus dem dritten Stand durch die Abgabe von Steuern.
In den ausgedehnten Parkanlagen wurden über 150 000 Pflanzen nach einem genauen Plan neu gesetzt und ein See von 700 m Länge angelegt. Um die 1400 Brunnen und Fontänen mit Wasser zu versorgen wurden jeden Tag fünf Millionen Liter Wasser benötigt, dazu musste ein kleiner Fluss gestaut werden.
Im Zentrum der ganzen Anlage stand das Schloss. In ihm befanden sich fast 2000 Räume, dazu große Säle und riesige Flure. Im Zentrum dieses riesigen Schlosses und seiner umgrenzenden Parkanlagen lag ein einziges Zimmer: das Schlafzimmer des Königs.
Bei den zahlreichen Festen, die der König veranstalten ließ, fanden im Schloss über 20 000 Menschen Platz. In der Nacht leuchteten dazu über 200 000 Lampions. Der König zeigte sich auf diesen Festen bisweilen im Gewand eines römischen Sonnengottes.

Trotz all der Pracht herrschte im Schloss eine qualvolle Enge. Versailles beherbergte nahezu 20 000 Menschen. Der gesamte Hofstaat, adelige Herrschaften und ihre Familien, Minister und Beamte lebten seit dem Umzug im Jahr 1682 in einem Schloss, das höchst unpraktisch eingerichtet war. Nur wenige Räume waren beheizbar und es fehlten Bäder und Toiletten. Die Damen mussten den Körpergeruch mit starkem Parfum überdecken und die vornehmsten Herren verrichteten ihre Notdurft oft auf den Treppen. Doch wer in Frankreich etwas werden und bedeuten wollte, musste sich in die Nähe des Königs begeben und alles tun, um ihm aufzufallen.

Der Alltag Ludwigs XIV.

Um 8 Uhr früh weckte der erste Kammerdiener den König. Der König nahm Weihwasser und sprach ein Gebet. Der Kammerdiener reichte ihm einen Schlafrock, den der König anzog. Er setzte sich auf seinen Ankleidestuhl. Viele verschiedene Adelige, Beamte, Ärzte und Minister waren dabei. Dem König wurde sein Morgenrock und sein Nachthemd ausgezogen.

Eine weitere Gruppe kam dazu, bestehend aus dem Meister für Garderobe, Friseuren, Schneidern und einer Kammerdame, die dem König die Hände mit Franzbranntwein wusch. Der restliche Körper wurde nicht gewaschen, das ziemte sich nicht für einen König, man puderte den Leib nur etwas über. So war es zwar für jeden Adeligen der größte Wunsch, neben dem König speisen zu dürfen, aber eine Wohltat war es ganz sicher nicht. Nach dem Gebet kamen zwei Kammerdiener, jeder mit einem Pantoffel, und zogen diese dem König über. Nachdem Ludwig seine Notdurft verrichtet hatte, wurde diese sofort von Ärzten untersucht und das Ergebnis akribisch notiert. Während der königliche Nachttopfträger den Raum unter Verbeugungen aller Anwesenden verließ, wurde dem König die Perücke auf seinen sehr kahlen Kopf gesetzt.

Dann verlangte der König seine Tagesgarderobe. Dies war der Höhepunkt der Zeremonie: Das Recht, dem König das Hemd zu reichen und anzuziehen, stand dem Bruder des Königs zu. War der König angezogen, betrat er ein Nebenzimmer, um mit den Ministern wichtige Dinge zu besprechen.

In Frankreich gab es nur eine Religion, alle Menschen mussten katholisch sein. Jeden Tag ging der König um 12:00 Uhr zur Messe. Als erstes betraten adelige Gäste die Kapelle, sie knieten sich nieder, aber mit dem Rücken zum Altar. Als letztes betrat der König die Kapelle und kniete sich auf einer Tribüne nieder. Die Adeligen waren so dem König zugewandt und dem Altar abgewandt, denn man verehrte den König wie einen Gott. Der Priester trat auf und hielt die Messe.

Ludwig XIV. hatte ein großes Land zu regieren. Er erledigte seine Regierungsgeschäfte mit großem Ernst. Er musste neue Gesetze erlassen, Anordnungen geben und die Neuigkeiten über die Lage im Land in Erfahrung bringen. Die Nachrichtenübermittlung war natürlich nicht so schnell wie heutzutage. Boten schafften etwa 150 km am Tag. Musketiere waren treue Soldaten des Königs, die in vielen Kriegen für Frankreich kämpften.

Ludwig XIV. lebte im Luxus. Er aß auch nur ausgewählte Speisen. Vor allem schätzte er Geflügel, Fisch und natürlich auf der Jagd erlegtes Wild. Die Tische wurden reich gedeckt. Alles musste schön aussehen. Es gab jetzt auch verzierte Teller. Im Mittelalter kannte man noch keine Tischmanieren, aber jetzt legte man wert auf ein gutes Benehmen bei Tisch.
Ein Problem im riesigen Schloss von Versailles war, dass die Küchen viel zu weit von den Speisesälen entfernt lagen. Deshalb war das Essen oft schon kalt, wenn es serviert wurde.

Ludwig XIV. liebte es, Feste zu feiern. In großen, prunkvollen Ballsälen versammelten sich die Adeligen, um zu tanzen. In Versailles war das der weltberühmte Spiegelsaal. Manchmal wurden auch farbenprächtige Theaterstücke, ein Ballett oder eine Oper aufgeführt. In der Nacht wurden zur Vergnügung der Gäste große Feuerwerke veranstaltet. Man zeigte sich in seinen schönsten, teuersten Kleidern.

LS 03 „Der Staat bin ich" – vier Säulen der absolutistischen Herrschaft

		Zeitrichtwert	Lernaktivitäten	Material	Kompetenzen
1	PL	5′	L gibt einen Überblick über den Ablauf der bevorstehenden Stunde.		– einen Sachtext zielgerichtet lesen und markieren – Fragen zum Lernstoff entwickeln – Gruppengespräche konstruktiv führen – einen Leitfaden für eine Präsentation erstellen – Lernergebnisse in Kleingruppen und vor der Klasse präsentieren
2	EA	10′	S lesen und markieren die jeweiligen Textbausteine und notieren sich Fragen oder Unklarheiten.	M1–4	
3	GA	10′	S beraten sich gegenseitig in textgleichen Trios (Stammgruppen).	M1–4	
4	EA	15′	S erstellen einen Leitfaden für die anschließende Präsentation.	Notizzettel	
5	GA	15′	S tragen Inhalte ihres Textbausteins in Expertengruppen vor.	Notizzettel	
6	GA	20′	S setzen Textmosaik zusammen und erstellen Gesamtprodukt für die Präsentation.	Folie, Plakat o.ä.	
7	PL	15′	Ausgeloste Tandems präsentieren Lernprodukte im Plenum. Aussprache und Feedback durch L.	Lernprodukte	

Erläuterungen zur Lernspirale

Ziel der Doppelstunde ist, den Aufbau und die Organisation eines absolutistischen Staates zu verstehen. Ludwig XIV. regierte 70 Jahre lang. Wie gelang es ihm, seine Gegner in Schacht zu halten, seine Macht zu sichern und auszubauen? „Der Staat bin ich" – oder doch nicht ? Ludwig XIV. war ein absoluter und alleiniger Herrscher, dessen Machtfülle und Prunk Vorbild für viele europäischen Könige und Fürsten war, aber ganz ohne treue Mitarbeiter und Vasallen konnte er diesen Machtapparat nicht ausbauen und so lange am Leben halten.

Zum Ablauf im Einzelnen:
Im **1. Arbeitsschritt** erläutert der Lehrer das Vorgehen für die folgende Stunde.

Die Schüler lesen im **2. Arbeitsschritt** in stiller Einzelarbeit arbeitsteilig einen von vier ihnen zugelosten Texten, markieren wichtige Stellen und notieren sich Fragen oder Unklarheiten. Sie machen sich somit zu Experten für ihren jeweiligen Textbaustein (M1–4).

Im **3. Arbeitsschritt** finden Beratungen in textgleichen Trios (Stammgruppen) statt (siehe Tipps). Die Schüler besprechen etwaige Unklarheiten und überlegen, wie man den „Laien" (Schülern mit einem anderen Textbaustein) die Inhalte des eigenen Textes präsentieren kann.

Im **4. Arbeitsschritt** erstellen die Schüler in Einzelarbeit einen Leitfaden, den sie bei ihrer im nächsten Schritt anstehenden Präsentation des Textabschnittes verwenden dürfen. Sie notieren sich z.B. Stichwörter, erstellen sich eine Gliederung, eine Mindmap o. Ä. Die Trios sitzen während dieses Arbeitsschrittes noch beieinander, sodass bei Bedarf noch einmal bei den Gruppenmitgliedern nachgefragt werden kann.

Für den **5. Arbeitsschritt** werden Expertengruppen gebildet (zufällige Einteilung siehe Tipps). In jeder dieser Gruppen muss sich ein „Experte" für jeden Textbaustein befinden. Die Schüler berichten einander zu ihren Spezialgebieten und stellen sich den Fragen der „Laien". Diese machen sich Notizen ins Heft.

6. Arbeitsschritt: Die Schüler setzen das Textmosaik zusammen. Dazu erhalten die Gruppenmitglieder vom Lehrer sämtliche Textbausteine, lesen bei Bedarf noch einmal nach und erstellen daraus ein Gesamtprodukt. Ob sich die Schüler dabei für ein Plakat, eine Mindmap, eine Tabelle oder ein anderes Lernprodukt entscheiden, bleibt ihnen selbst überlassen.

Im **7. Arbeitsschritt** finden die Präsentation der Lernprodukte und eine anschließende Reflexion darüber statt: ausgeloste Schüler (Tandems aus der jeweiligen Expertengruppe) präsentieren ihre Produkte im Plenum und stellen sich den Fragen bzw. Impulsen des Lehrers.

Für die Ergebnissicherung können die angepeilten Lernergebnisse prozessimmanent oder aber durch geschicktes Fragen und Zusammenfassen des Lehrers am Ende einer Stunde erfasst werden. Die Lernspiralen stellen dezidiert auf Ersteres ab und setzen auf die Qualitätssicherung durch wechselnde Lernpartner und Zwischenkontrollen.

Tipps
Es bietet sich an, die Einteilung in textgleiche Trios bereits auf den Textrückseiten zu vermerken, um eine schnelle Gruppenfindung zu ermöglichen (z.B.: A1a – **A** steht für Textbaustein A; **1** steht für die Nummer der Stammgruppe und **a** steht für die Expertengruppe im 5. Arbeitsschritt.

In textgleichen Trios gehen dann z.B. Schüler mit folgender Beschriftung zusammen: A1a+A1b+A1c; A2a+A2b+A2c…etc.).

Der Lehrer kann den Schülern im 6. Arbeitsschritt auch ein bestimmtes Lernprodukt vorgeben. Dies bietet sich vor allem bei leistungsschwächeren Klassen an. Wichtige Regeln zur Erstellung des jeweiligen Lernprodukts müssen vorab besprochen werden.

03 „Der Staat bin ich" – vier Säulen der absolutistischen Herrschaft

Säule 1: Die höfische Gesellschaft

Vertrauen ist gut, Kontrolle besser. Damit die Adeligen keine Möglichkeit mehr hatten, sich gegen ihn zu wenden, holte er viele von ihnen an seinen Hof nach Versailles, wo er sie mit endlosen Vergnügungen wie Jagden, Festgelagen, Bällen, Glücksspielen oder Turnieren faszinierte. Ludwig beschäftigte die besten Künstler des Landes, deren Theaterstücke, Opern, Ballettaufführungen oder Konzerte die Gesellschaft unterhielten.

Es wurde errechnet, dass sich in Versailles bis zu 20 000 Menschen ständig aufhielten. Dazu zählten Dienerinnen und Diener, Soldaten und viele adelige Familien. Der König sorgte dafür, dass eine feste Rangordnung und genaue Verhaltensregeln, die Etikette, die Gesellschaft am Hof ordneten. Der Tagesablauf war durch das Hofzeremoniell bis ins Kleinste geregelt.

Wer etwas gelten wollte, musste sich in der Nähe des Königs aufhalten und die anderen durch aufwendigen Lebensstil möglichst übertreffen. Alle erhofften sich, dass sie an der Macht des Königs teilhaben könnten und Ämter, Titel oder Geldgeschenke von Ludwig erhielten. Ludwig nutzte das aus und verringerte die Machtbefugnisse der Adeligen weiter zu seinen Gunsten. So gab er ihnen gut bezahlte, aber nutzlose Ämter, die ihnen diese standesgemäße Lebensführung ermöglichten (z.B.: Oberbrotmeister). Aus ehemals stolzen Adeligen wurden schmeichelnde Höflinge. Um sie trotzdem bei Laune zu halten, wurden jeden Tag Feste, Feuerwerke, Jagden, Theater- und Opernaufführungen veranstaltet.

Der Adel war stolz darauf, im gleichen Glanz zu leben wie der König, dem er ganz nah sein wollte: Das Aufstehen und das Zubettgehen des Königs waren die wichtigsten Zeremonien am Tag. Wer hier teilnehmen durfte, gehörte zu den Edelsten des Landes. Eines der höchst bezahlten Ämter war es, dem König beim Aufstehen das Hemd zu reichen. Die Adeligen rissen sich darum und verloren nebenbei jedes politische Amt. Sie waren jetzt des Königs Höflinge. Zudem war der Aufenthalt im Königsschloss sehr kostspielig, sodass viele von ihnen verschuldet ein Leben in Abhängigkeit vom König verbrachten.

Säule 2: Die Staatsreligion – Katholizismus

Um seine königliche Stellung weiter auszubauen, nutzte Ludwig XIV. die Macht der katholischen Kirche in Frankreich. Viele seiner Untertanen hatten in den Jahren vor seiner Regierungszeit ihren Glauben gewechselt und gehörten den Protestanten an, die man in Frankreich „Hugenotten" nannte. Diese lehnten eine absolutistische Regierungsweise ab.

Ludwig verbot diese Glaubensrichtung und erklärte den Katholizismus zur einzigen Religion in Frankreich. Somit wurde der katholische Glaube offiziell zur Staatsreligion. Ludwigs Ziel war es, die Hugenotten wieder in die katholische Kirche zurückzubringen. Dies geschah durch starke Einschränkungen und Verbote in ihrem Alltag. Kinder aus hugenottischen Familien genossen zum Beispiel eine schlechtere Schulausbildung als katholische Kinder, Erwachsene durften bestimmte Berufe nicht ausüben und verloren so ihre Lebensgrundlage.

Im Laufe der Zeit wurden die Schikanen gegen die Hugenotten aber noch weit schlimmer. Protestantische Gotteshäuser wurden geplündert und zerstört, Hugenotten wurden verfolgt und ermordet. Viele Hugenotten konvertierten aus Angst zum katholischen Glauben zurück oder flohen ins Ausland.

Zum Dank für die Einrichtung der Staatsreligion Katholizismus unterstützten von nun an die Bischöfe die Politik des Königs und festigten die Meinung beim einfachen Volk, dass der König nur dem göttlichen Gesetz verpflichtet sei. Ludwig durfte Bischöfe nach seiner Wahl ernennen und beaufsichtigte das kirchliche Vermögen. Seit dieser Zeit bildete die katholische Kirche eine entscheidende Stütze der königlichen Macht.

Säule 3: Der Staatsaufbau

Als im Jahr 1661 sein Lehrer und Minister Mazarin verstarb, verkündete der König, dass er ab sofort allein regieren werde. „Der Staat bin ich!" – das war die politische Entscheidung des 22-jährigen Königs. Im Laufe seiner Regierungszeit vereinigte er die gesamte Macht in seinen Händen und im gesamten Reich galt nur der Wille des Königs.

Er bildete die Regierung nach seinen Wünschen um und ernannte ihm ergebene Minister. Nichts durften seine Minister und Staatssekretäre mehr ohne ausdrückliche Anweisung des Königs unterschreiben. Täglich mussten sie ihm Rechenschaft über ihr Tun ablegen.

Die Fürsten und regierenden Beamten waren darüber verwundert, leisteten aber keinen Widerstand, da sie diesen Vorgang für eine Laune des Königs hielten und dachten, dass er sich bald wieder anders entscheiden würde. Aber hier hatten sie sich stark getäuscht. Ludwig baute seine Macht kontinuierlich aus. Er ließ nur noch drei Minister an der Regierungspolitik teilhaben.

Ludwig XIV. schuf sich ein Heer von Beamten. Er ließ zahlreiche Menschen zu Staatsdienern ausbilden, die in seinem Namen das französische Reich verwalteten und für den König die Steuern eintrieben. Gleichzeitig setzten sie die Gesetze und Bestimmungen ihres Herrn um und berichteten regelmäßig aus allen Teilen des Landes. Da der König ihre Ernennung, ihre Besoldung und ihren persönlichen Schutz zusicherte, waren sie ihm zutiefst ergeben und fühlten sich nur ihm verpflichtet.

Säule 4: Das stehende Heer

Mit Energie betrieb der König auch den Ausbau der Armee. Der Dreißigjährige Krieg hatte gezeigt, dass mühsam zusammengetrommelte und gekaufte Landsknechtsheere unzuverlässig waren. Daher schuf Ludwig XIV., zusammen mit seinem Kriegsminister Louvois, ein sogenanntes „stehendes Heer". Die Soldaten wurden für längere Zeit gegen einen festen Sold angeworben, waren ständig einsatzbereit und lebten in Kasernen. Sie wurden jeden Tag in militärischer Taktik und Disziplin geschult und auf die uneingeschränkte Treue zum König eingeschworen. Der neu entstandene „Beruf" des Soldaten war für die verarmte Bevölkerung sehr attraktiv, da ihnen regelmäßig Sold bezahlt wurde und sie ausreichend Nahrung bekamen.

Die Ernennung von ihm besonders ergeben Offizieren nahm der König selber vor. Nur die Adeligen konnten in die höheren Dienstränge aufsteigen. Damals wurde in der französischen Armee auch die einheitliche Uniform eingeführt.

Schon wenige Jahre nach der Regierungsübernahme durch Ludwig XIV. war Frankreich zur stärksten Militärmacht Europas geworden. Von 1664 bis 1703 stieg die Zahl der Soldaten von 45 000 auf 400 000 Mann. Dieses gewaltige Heer war die wichtigste Basis für die Herrschaft Ludwigs XIV.

In Frankreich selber sollte es Adelige, aber auch Bauern und Bürger vor Auflehnung gegen seine Herrschaft abhalten. Nach außen hin wollte der König mithilfe dieser großen Armee seine Machtansprüche gegenüber den anderen europäischen Staaten durchsetzen. Mit diesem Heer führte der König in mehr als der Hälfte seiner Regierungszeit Kriege gegen verschiedene Nachbarstaaten, so gegen Spanien, England, Holland und Österreich. Sie kosteten etwa 1 200 000 Menschen das Leben.

LS 04 Der Merkantilismus – ein neues Wirtschaftssystem

		Zeitrichtwert	Lernaktivitäten	Material	Kompetenzen
1	PL	5′	L gibt einen Überblick über den Ablauf der bevorstehenden Stunde.		- ein Schaubild verstehen und interpretieren - Nachschlagemöglichkeiten gezielt nutzen - mit einem Partner konstruktiv zusammenarbeiten - einen Zeitungsartikel verfassen - die Doppelkreismethode anwenden - ein Schaubild durch formulierte Aussagen zum Sprechen bringen - Lernprodukte präsentieren
2	EA	10′	S sondieren das Schaubild (M2) und den dazugehörigen Informationstext (M1).	M1, M2	
3	PA	15′	S besprechen in Partnerarbeit Unklarheiten oder Verständnisfragen. Wichtige Informationen werden auf einem Spickzettel notiert.	M1, M2	
4	PA	10′	S halten sich im Doppelkreis gegenseitig Vorträge zum Merkantilismus.	Spickzettel	
5	GA	15′	S bringen das Schaubild durch schriftlich formulierte Aussagen zum „Sprechen".	Notizen im Heft, Metaplankarten	
6	PL	15′	Ausgeloste S präsentieren Ergebnisse im Plenum.	Metaplankarten	
7	EA	20′	S verfassen einen zeitgenössischen Zeitungsartikel zum Merkantilismus.	Heft	

✓ Merkposten

Metaplankarten (= Visualisierungskarten in unterschiedlichen Farben und Formen – ovale, runde, rechteckige Karten, Wölkchen etc.) vorbereiten. Diese werden mit dicken Filzstiften in gut lesbarer Druckschrift beschriftet und dienen zur Veranschaulichung von Arbeitsergebnissen bzw. zur Unterstützung von Präsentationen.

Info Helferprinzip

Dieses Prinzip beinhaltet die Verpflichtung der Schüler zur wechselseitigen Hilfe und Unterstützung. Zufallsgruppen und Losverfahren sorgen dafür, dass die Schüler in hohem Maße aufeinander angewiesen sind.

Erläuterungen zur Lernspirale

Ziel der Doppelstunde ist, den Merkantilismus mithilfe eines Schaubildes zu erschließen. Dieses Wirtschaftssystem Frankreichs wurde damals von ganz Europa kopiert. Die Schüler füllen dazu ein abstraktes Schaubild mit Leben, d.h. sie übersetzen es in die Realität bzw. fassen es in eigene Worte. Bei der abschließenden inhaltlichen Reflexion darf allerdings nicht unterschlagen werden, dass der französische Staat trotz der gestiegenen Einnahmen auf lange Sicht überschuldet blieb, dieses egoistische Prinzip auch Nachteile hatte und heute den partnerschaftlichen Handelsabkommen der EU widersprechen würde.

Zum Ablauf im Einzelnen:
Im **1. Arbeitsschritt** erläutert der Lehrer das Vorgehen für die folgende Stunde.

Im **2. Arbeitsschritt** sondieren die Schüler das vorliegende Schaubild (M2) und lesen den dazugehörigen Informationstext (M1). Sie betrachten das Schaubild und reflektieren, was sie verstehen und was ihnen unter Umständen noch unklar ist. Fragen werden notiert.

Im **3. Arbeitsschritt** werden offene Fragen geklärt. Die Schüler gehen paarweise zusammen und besprechen ihre Fragen bzw. Unklarheiten. Es bietet sich an, weitere interne Nachschlagematerialien bereitzulegen (Lexika, Nachschlagewerke aus dem Bestand der Fachschaft, etc.). Die wichtigsten Informationen zum Merkantilismus werden auf einem Spickzettel notiert.

Im **4. Arbeitsschritt** halten sich die Schüler gegenseitig Vorträge im Doppelkreis. Sie stehen sich dabei in einem Innen- und einem Außenkreis paarweise gegenüber und berichten zum Schaubild sowie zum Informationstext. Durch Rotation des Innen- bzw. Außenkreises können beliebig viele weitere Partnerkonstellationen entstehen, in denen der Vortrag wiederholt werden kann.

Im **5. Arbeitsschritt** werden durch Auslosen neue Gruppen gebildet. Die Schüler bringen das Schaubild zum Sprechen, indem sie Aussagen formulieren, die die abstrakten Inhalte des Schaubilds aus Sicht eines Zeitgenossen schildern (Beispiel: Was hielten Menschen in den Kolonien oder ausländische Händler von diesen Maßnahmen?) Diese Aussagen werden dann den entsprechenden Informationen des Schaubilds zugeordnet. Die Zuordnung kann durch Nummern oder Verbindungslinien erfolgen. Für die anschließende Präsentation werden die Aussagen auf Metaplankärtchen (siehe Merkposten) geschrieben. Das Schaubild kann auf DIN A3 kopiert und dann an der Tafel oder der Pinnwand befestigt werden.

Im **6. Arbeitsschritt** ordnen aufgerufene Schüler ihre Aussagen dem Schaubild im Plenum zu und heften/kleben ihre vorbereiteten Metaplankärtchen an entsprechender Stelle an. Der Lehrer leitet eine abschließende Aussprache/Disskussion über die angehefteten Aussagen.

Im **7. Arbeitsschritt** verfassen die Schüler, auf Basis der erarbeiteten Informationen, einen zeitgenössischen Zeitungsartikel zum Merkantilismus und seinen Vor- bzw. Nachteilen. Dieser Schritt kann auch als Hausaufgabe erfolgen. Die Reflexion darüber erfolgt dann in der nächsten Stunde.

04 Der Merkantilismus – ein neues Wirtschaftssystem

LS 04.M1 Informationstext „Merkantilismus"

Ludwig XIV. brauchte für seinen Hof immer mehr Geld. Da die Untertanen aber weitere Steuern einfach nicht mehr aufbringen konnten, musste man eine andere Lösung finden.

Ludwigs Finanzminister Colbert fand diese: Der Staat musste versuchen, möglichst viel Geld ins Land zu ziehen und möglichst wenig Geld hinauszulassen. Geld ins Land ziehen konnte man, indem man möglichst viele Waren in das Ausland verkaufte. Also musste man im Inland die Herstellung von Produkten und Lebensmitteln steigern. Im Inland baute man daraufhin neue Manufakturen auf und auch die schlechten Land- und Wasserstraßen wurden verbessert.

Damit die Arbeiter möglichst billig Waren herstellen konnten, musste man die Rohstoffe, die es im Land selbst nicht gab, auch möglichst billig beschaffen. Am billigsten waren die Rohstoffe aus eigenen Kolonien. So setzte der Finanzminister Colbert jetzt alles daran, ein mächtiges Kolonialreich aufzubauen. Bei seinem Tod (1683) gehörten Teile Nordamerikas sowie Kolonien in Afrika und Asien zu Frankreich. Eine eigene große Handelsflotte wurde geschaffen, um die Rohstoffe billig nach Frankreich zu transportieren.

Wie aber konnte das zweite Ziel, möglichst wenig Geld aus dem Land hinauszulassen, erreicht werden? Es musste verhindert werden, dass ausländische Waren gekauft wurden. Man musste das Land durch eine hohe Zollmauer vom Ausland abriegeln, oder sogar die Einfuhr von Fertigwaren ganz verbieten. Umgekehrt musste man die Ausfuhr von Rohstoffen verbieten und diese stattdessen im eigenen Land zu Fertigwaren verarbeiten. Diese konnten dann teuer in andere Länder verkauft werden.

Dieses Wirtschaftssystem nennt man **„Merkantilismus"**. Es wurde bald in ganz Europa nachgeahmt.

LS 04.M2 Schaubild „Merkantilismus"

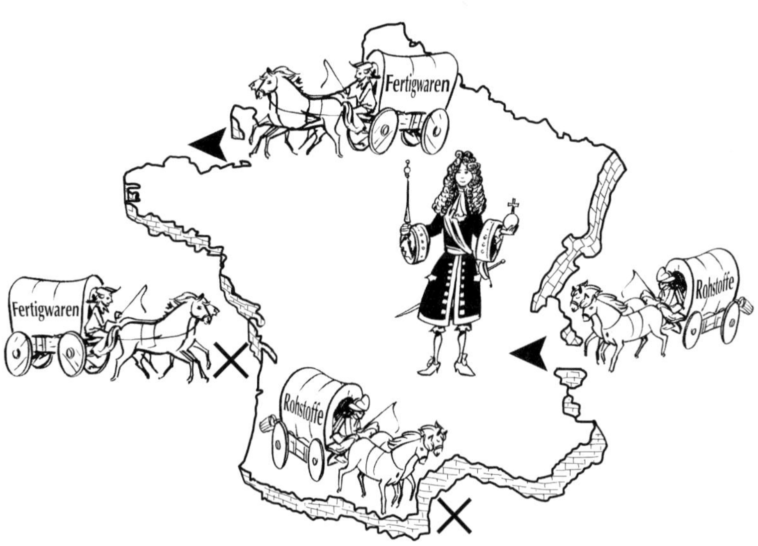

LS 05 Die Ständegesellschaft – ein semi-aktives Rollenspiel

		Zeitrichtwert	Lernaktivitäten	Material	Kompetenzen
1	PL	5′	L gibt einen Überblick über den Ablauf der bevorstehenden Stunde.		- einen Sachtext zielgerichtet lesen und markieren - hilfreiche Spickzettel erstellen - in einer Gruppe kooperativ arbeiten - Informationen erfassen, bearbeiten und beurteilen - eine Rolle für eine Präsentation übernehmen - einen argumentativen Brief formulieren
2	EA	10′	S lesen und sondieren den zugelosten Basistext.	M1–3	
3	GA	5′	S besprechen mit dem Sitznachbarn Unklarheiten oder Verständnisfragen.	M1–3	
4	EA	10′	S erstellen in Einzelarbeit einen Spickzettel.	Spickzettel	
5	GA	10′	S halten Kurzvorträge zu ihren Texten in der Dreiergruppe.	Spickzettel	
6	GA	15′	S erstellen in der Gruppe einen gemeinsamen Spickzettel.	M1–3 Spickzettel	
7	PL	10′	Ausgeloste S präsentieren ihre Ergebnisse im Plenum.	Spickzettel	
8	EA	15′	S formulieren einen Beschwerdebrief.	Heft	
9	PL	10′	Präsentation im Plenum.		

Tipps

Damit Fragen und Unklarheiten in einer Klärungsphase ohne große Reibungsverluste durch Platzwechsel vermieden werden können, bietet es sich an, die drei verschiedenen Texte so auszuteilen, dass textgleiche Schüler beieinander sitzen.

Bei drei Textbausteinen ist es ratsam die, Arbeitsblätter mit den Texten vor dem Austeilen bereits zu markieren: A1, B1, C1 - A1, B2, C2 etc. So lassen sich schnell Dreiergruppen bilden, in denen alle Texte vorhanden sind. Wenn die Anzahl der Schüler nicht durch drei teilbar ist, einfach Texte in einer Vierergruppe doppelt vergeben.

Erläuterungen zur Lernspirale

Ziel der Doppelstunde ist, dass die Schüler durch ein semi-aktives Rollenspiel Verständnis für die damaligen Lebensverhältnisse entwickeln. Die Grundlage des Staatshaushaltes bildeten die Steuern. Diese waren jedoch ungerecht verteilt. Die Angehörigen des ersten und zweiten Standes waren von Steuerzahlungen befreit, während der dritte Stand alle Staatsausgaben finanzieren musste. Die Angehörigen dieses Standes waren in großen Teilen von bitterer Armut bedroht und hatten keinerlei politische Mitbestimmungsrechte.

Zum Ablauf im Einzelnen:
Im **1. Arbeitsschritt** erläutert der Lehrer das Vorgehen für die folgende Stunde.

Im **2. Arbeitsschritt** lesen die Schüler einen zugelosten Basistext (M1, 2 oder 3), um in die Rolle des ersten, zweiten oder dritten Standes zu schlüpfen. Sie markieren wichtige Informationen und notieren sich Fragen für den nächsten Arbeitsschritt.

Im **3. Arbeitsschritt** besprechen die Schüler ihre Fragen bzw. Unklarheiten mit textgleichen Sitznachbarn (Verteilung der Texte: siehe Tipps). Die Schüler klären miteinander, welche Inhalte unbedingt beim Erstellen des Spickzettels berücksicht werden müssen.

Im **4. Arbeitsschritt** erstellen die Schüler in Einzelarbeit einen hilfreichen Spickzettel, mit dem sie anschließend in der Lage sind, sich selbst als Angehörige eines bestimmten Standes (erster, zweiter oder dritter Stand) in der Ich-Form vorzustellen.

Im **5. Arbeitsschritt** halten die Schüler Vorträge in einer zugelosten Dreiergruppe. Die Dreiergruppe besteht aus Mitgliedern aller drei Stände (Texte M1, 2 und 3). Die Schüler nehmen die Rolle ihres Standes an und stellen sich mithilfe ihrer Spickzettel in der Ich-Form vor. Die Zuhörer machen sich Notizen ins Heft.

Für den **6. Arbeitsschritt** erhält jeder Schüler alle drei Texte. Die Gruppenmitglieder erstellen weitere Spickzettel, sodass sie auch in die Rolle der beiden anderen Stände schlüpfen können. Dabei nutzen sie die bereits vorhandenen Spickzettel der Gruppe und die ausgeteilten Texte als Informationsquellen.

Ausgeloste Schüler präsentieren im **7. Arbeitsschritt** ihre erarbeiteten Rollen in der Ich-Form im Plenum. Dabei werden nicht nur die Schüler ausgelost, sondern auch die zu präsentierende Rolle, sodass jeder Schüler potenziell jede der drei Rollen übernehmen muss. Der Lehrer korrigiert und ergänzt bei Bedarf und gibt ein inhaltliches sowie formales Feedback.

Im **8. Arbeitsschritt** formulieren die Schüler einen Beschwerdebrief an den König schriftlich in ihrem Heft. Sie argumentieren dabei aus Sicht des dritten Standes. Dabei nutzen sie alle drei Informationstexte als Quelle.

Im **9. Arbeitsschritt** lesen ausgeloste Schüler ihre Arbeitsgebnisse im Plenum vor. Abschließend würdigt der Lehrer die Leistungen und gibt ein kurzes Feedback zu den Beschwerdebriefen.

05 Die Ständegesellschaft – ein semi-aktives Rollenspiel

Ständische Ordnung im Absolutismus

Seit dem Mittelalter gliederte sich die Gesellschaft in drei Stände, die sich durch unterschiedliche Rechte, Pflichten und soziale Normen auszeichneten: Klerus, Adel und dritter Stand. An der Spitze der Gesellschaft stand der unumschränkte absolutistische Herrscher, der König. Den ersten Stand bildeten die Geistlichen, den zweiten die Adeligen. Zusammen machten sie gerade einmal 2 % Prozent der Bevölkerung aus. Die restlichen 98 % der Bevölkerung waren dem dritten Stand zugeordnet. Diese Grundordnung galt den meisten Menschen als unantastbar, als Ausdruck der göttlichen Einrichtung der Welt.

Der erste Stand: Klerus

Der höchste Rang in der ständischen Hierarchie kam der Geistlichkeit zu. Die Gesamtzahl betrug zu Zeiten Ludwigs XIV. ca. 130 000 Personen, was einen Anteil von ca. 0,5 % an der Gesamtbevölkerung bedeutete. Ca. 40 % des Bodens gehörten Klerus und Adel zusammen. Die Angehörigen des Klerus genossen zahlreiche Vorrechte: Sie mussten keine Steuern zahlen, wurden bei der Vergabe hoher Ämter in der Verwaltung und der Kirche bevorzugt und lebten von den Abgaben, die von ihnen abhängige Bauern an sie entrichten mussten.

Da die gesamte Herrschaftsordnung offensichtlich von Gott legitimiert war, beeinflusste die Kirche das Leben und Denken der Menschen bis tief in den Alltag hinein – vor allem auf dem Land, wo sich der Lebens- und Arbeitsrhythmus der Bauern am kirchlichen Kalender ausrichtete und die Geistlichen zu den wichtigsten Autoritäten vor Ort zählten.

Der Katholizismus war in Frankreich seit 1516 offizielle Staatsreligion. Die Besonderheit der Staatskirche war die enge Bindung an den König, der das Recht besaß, Bischofssitze und Abteien zu vergeben. Sie bildete einen eigenständigen Machtkomplex innerhalb der Monarchie, der gut organisiert und reich an Besitz war, und der über ein eigenes Finanzsystem und eine eigene Rechtsprechung verfügte.
Zu den Verwaltungsaufgaben der Kirche im Staat gehörten der Unterhalt von Schulen und Krankenhäusern, die Armenfürsorge sowie die Registrierung von Taufen, Eheschließungen und Sterbefällen.

Die Geistlichkeit als Stand bildete allerdings keine einheitliche gesellschaftliche Gruppe: Man unterschied zwischen hohem und niederem Klerus.
Zum hohen Klerus zählten Personen meist reicher, adeliger Herkunft wie Bischöfe, Äbte, Äbtissinnen und Domherren (ca. 10 000 Personen). Neben der Steuerbefreiung waren Angehörige des hohen Klerus vom Militärdienst befreit, durften eine Extra-Steuer erheben (den „Zehnten") und eine eigene Gerichtsbarkeit ausüben.
Zum niederen Klerus, dessen Angehörige alle aus bürgerlicher oder bäuerlicher Herkunft stammten, gehörten Priester, Nonnen, Mönche und arme Dorfpfarrer, deren Leben sich kaum von dem der Bauern unterschied (ca. 120 000 Personen).

Ständische Ordnung im Absolutismus

Seit dem Mittelalter gliederte sich die Gesellschaft in drei Stände, die sich durch unterschiedliche Rechte, Pflichten und soziale Normen auszeichneten: Klerus, Adel und dritter Stand. An der Spitze der Gesellschaft stand der unumschränkte absolutistische Herrscher, der König. Den ersten Stand bildeten die Geistlichen, den zweiten die Adeligen. Zusammen machten sie gerade einmal 2 % Prozent der Bevölkerung aus. Die restlichen 98 % der Bevölkerung waren dem dritten Stand zugeordnet. Diese Grundordnung galt den meisten Menschen als unantastbar, als Ausdruck der göttlichen Einrichtung der Welt.

Der zweite Stand: Adel

Der politisch führende Stand war der Adel. Mitglieder dieser Gruppe besetzten alle wichtigen Ämter in Regierung, Militär und Verwaltung. Die Gesamtzahl betrug zu Zeiten Ludwigs XIV. ca. 350 000 Personen, was einen Anteil von ca. 1,5 % an der Gesamtbevölkerung bedeutete. Ein großer Teil des Grundbesitzes befand sich in seiner Hand, selbst die meisten industriellen Unternehmungen wurden durch den Adel finanziert.

Der Lebensstil und die Wertvorstellungen des Adels waren soziales Leitbild der Gesellschaft, denn zahlreiche Ehrenrechte und finanzielle Privilegien festigten die Vorrangstellung der adeligen Personen: Sie mussten keine Steuern zahlen und lebten von den Abgaben, die von ihnen abhängige Bauern an sie entrichten mussten. Weitere Vorrechte waren z.B. der Eintritt als Offizier in die königliche Armee ohne vorherigen Dienst als Soldat, der Anspruch auf Frondienste, das Recht zur Ausübung der niederen Gerichtsbarkeit, Jagd- und Fischereirechte.

Auch innerhalb der Aristokratie gab es bedeutende Unterschiede von Rang, Besitzstand und Interessenslagen. Man unterschied zwischen dem Hofadel (ca. 4 000 Familien, die am Hofe Ludwigs XIV. in Versailles lebten: Ludwig XIV. verdrängte den hohen Adel erfolgreich aus der geburtsrechtlichen Teilhabe an der Regierungsverantwortlichkeit und besetzte die hohen Ämter mit Männern seiner Wahl und seines Vertrauens) und dem Amts- und Landadel (die restlichen Familien).

Die Machtstellung der grundbesitzenden Adeligen innerhalb der ländlichen Gesellschaft beruhte vor allem auf der Ausübung der obrigkeitlichen Gewalt, d.h. sie übten gerichtliche, polizeiliche und verwaltungstechnische Funktionen aus. Auf diese Weise griffen sie in die dörfliche Selbstverwaltung ein.

Ständische Ordnung im Absolutismus

Seit dem Mittelalter gliederte sich die Gesellschaft in drei Stände, die sich durch unterschiedliche Rechte, Pflichten und soziale Normen auszeichneten: Klerus, Adel und dritter Stand. An der Spitze der Gesellschaft stand der unumschränkte absolutistische Herrscher, der König. Den ersten Stand bildeten die Geistlichen, den zweiten die Adeligen. Zusammen machten sie gerade einmal 2 % Prozent der Bevölkerung aus. Die restlichen 98 % der Bevölkerung waren dem dritten Stand zugeordnet. Diese Grundordnung galt den meisten Menschen als unantastbar, als Ausdruck der göttlichen Einrichtung der Welt.

Der dritte Stand

Der größte Teil des französischen Volkes, 98 % (ca. 24,5 Millionen Menschen), gehörte dem dritten Stand an. Dessen soziale Zusammensetzung ist noch bunter und vielfältiger als die von Klerus und Adel. Zum dritten Stand zählten Bankiers, Großkaufleute, Rechtsanwälte und Ärzte, ebenso wie Juristen, Handwerker und Kleinhändler, die in den Städten lebten. Den größten Teil des dritten Standes aber stellte die Landbevölkerung, leibeigene Bauern und Tagelöhner.

In eklatantem Missverhältnis zu seiner zahlenmäßigen Stärke stand jedoch seine politische und rechtliche Schwäche: Ihm war der Löwenanteil der Steuerlast auferlegt, die politische Mitbestimmung blieb ihm dagegen fast gänzlich vorenthalten. Trotz ihrer unbeschreiblichen Armut mussten die Angehörigen dieses Standes hohe Steuern für das luxuriöse Leben in Versailles entrichten. Fast alle Steuern, die der König einnahm, wurden vom dritten Stand bezahlt. Die Angehörigen des dritten Standes, die meist nur kleinere Parzellen Land besaßen bzw. gepachtet hatten, mussten verschiedene Abgaben und Steuern leisten, die von Region zu Region stark variieren konnten. Neben der „Königssteuer", die in einem komplizierten Verfahren auf den Einzelnen umgerechnet und durch lokale Steuereintreiber gesammelt wurde, gab es zahlreiche weitere direkte und indirekte Steuern. Der Adel war von diesen Steuerleistungen befreit, der Klerus hatte sich für eine relativ geringe Summe von der Verpflichtung freigekauft. Konnte ein Bauer seine Steuern nicht bezahlen, holten die Steuereintreiber ihm das Vieh aus dem Stall oder rissen sogar die Türen heraus, um sie zu verkaufen.
Kleinbauern und Pächter hatten zusätzlich an ihren Grundherrn Leistungen zu erbringen: die Pacht, Ernteabgaben in Form von Naturalien, Hand- und Spanndienste. In Krisenzeiten sicherten die adeligen Grundherren in der Provinz gerne ihren Besitzstand auf Kosten der Bauern, indem sie die Pacht und Abgabenlast erhöhten.
Als weitere Belastungen mussten die Bauern im Kriegsfalle zusätzliche Soldaten stellen oder Soldaten einquartieren.

Neben dem individuell bewirtschafteten Land besaßen die Dorfbewohner kollektive Nutzungsrechte am Gemeindeland (z.B. Ährenlese), die v.a. für die unterbäuerlichen Schichten der Tagelöhner und Wanderarbeiter von Bedeutung waren. Manche dieser Kollektivrechte, wie z.B. Jagd- oder Fischereirechte, beanspruchten die Adeligen jedoch für sich.

LS 06 Bilanz einer langen Herrschaft – eine Debatte zur Politik Ludwigs XIV. führen

		Zeitrichtwert	Lernaktivitäten	Material	Kompetenzen
1	PL	5′	L gibt einen Überblick über den Ablauf der bevorstehenden Stunde. Schilderung des Debattenanlasses.	M1 (auf Folie)	- einen Sachtext zielgerichtet lesen und komplementär markieren - eine Gruppenarbeit organisieren und durchführen - sich ein fachliches Urteil bilden - eigene Meinung begründen - überzeugend argumentieren - eine Pro-und Kontradebatte durchführen - die eigene Leistung reflektieren
2	EA	15′	S lesen und markieren den Informationstext.	M2	
3	GA	15′	S legen Argumentationslinien fest, erstellen eine Argumentationshilfe und bestimmen einen Gruppenvertreter.	M2, Spickzettel	
4	TA	15′	Vertreter tragen Pro- und Kontra-Argumente vor. L leitet die Debatte. Zuhörer machen Notizen.	Spickzettel	
5	GA	15′	Nachbesprechung in der Ausgangsgruppe.	Spickzettel	
6	PL	15′	Vier neue Vertreter führen Debatte nochmals.	Spickzettel	
7	PL	10′	Lehrergelenkte Aussprache		

Tipps

Für eine zeitsparende Zulosung der Schüler zu einer Vierergruppe kann die Zuordnung in der Vorbereitung der Stunde bereits auf die Informationstexte notiert werden (A1/B1/C1...A2/B2/C2..). Bei ungerader Schülerzahl können auch Fünfergruppen gebildet und dabei ein Text doppelt vergeben werden.

Das Abzählverfahren kann als Instrument zur Bildung von Gruppen oder Tandems genutzt werden. Indem die Schüler einer Klasse z.B. zweimal bis 13 zählen, entstehen 13 zifferngleiche Tandems. Indem sie mehrfach bis sechs zählen, entstehen sechs Zufallsgruppen mit je vier oder fünf Mitgliedern.

Erläuterungen zur Lernspirale

Ziel der Doppelstunde ist, den Schülern wichtige inhaltliche wie methodische Einblicke zu eröffnen. Als Ludwig XIV. starb, war Frankreich zu einer politischen, militärischen und wirtschaftlichen Großmacht aufgestiegen. Die Schulden waren allerdings immmens, viele Franzosen hungerten und die ständige Kriegsführung hatte eine große Anzahl an Toten gefordert. Diese Diskrepanz soll im Unterrichtsverlauf verdeutlicht werden. Die Pro- und Kontradebatte ist ein klassisches Instrument zur Meinungsbildung und zur persönlichen Blickerweiterung.

Zum Ablauf im Einzelnen:
Im **1. Arbeitsschritt** erläutert der Lehrer das Vorgehen für die folgende Stunde. Er schildert den Debattenanlass mithilfe von M1 auf OHP-Folie.

Die Schüler lesen im **2. Arbeitsschritt** in stiller Einzelarbeit einen Informationstext (M2). Dabei markieren sie mit unterschiedlichen Farben positive Auswirkungen/Errungenschaften der Regentschaft Ludwigs XIV. (grün) und negative Folgen (rot).

Im **3. Arbeitsschritt** vergleichen und ergänzen die Schüler in Vierergruppen ihre markierten Fakten. Es werden jeweils Pro- oder Kontragruppen gebildet (siehe Tipps). Die Schüler legen dann Argumentationslinien fest, d.h. sie überlegen gemeinsam, wie sie ihre späteren Debattenbeiträge anlegen wollen (Auswahl, Gewichtung, Reihenfolge etc.). Sie erstellen eine Argumentationshilfe (Spickzettel, Tabelle, Struktogramm o.ä.), die bei der folgenden Debatte benutzt werden darf. Jedes Gruppenmitglied fertigt diese persönlich an, sodass alle aus der Gruppe in der Lage sind, die anschließende Debatte zu führen. Die Gruppen legen gemeinsam einen Vertreter fest, der die Debatte im Plenum führen soll.

Im **4. Arbeitsschritt** sitzen die bestimmten Gruppenvertreter einander gegenüber an einem für das Plenum gut sichtbaren Tisch. Sie tragen ihre Pro- und Kontra-Argumente vor. Die Zuhörer machen sich Notizen (inhaltlich sowie zum Verlauf und der Struktur der Debatte). Die Leitung der Debatte liegt beim Lehrer (möglichst alle Vertreter sollten einmal zu Wort kommen).

Im **5. Arbeitsschritt** gehen die Gruppenmitglieder aus dem 3. Arbeitsschritt erneut zusammen. Sie reflektieren den Auftritt ihres Sprechers sowie den Debattenverlauf im Ganzen mithilfe ihrer Notizen. Sie bestimmen dann einen neuen Vertreter für die zweite Debatte.

Im **6. Arbeitsschritt** führen die neuen Gruppenvetreter die Debatte im Plenum nochmals und versuchen, zu besseren Argumentationsweisen und -ergebnissen zu gelangen (z.B.: Argument – direktes, passendes Gegnargument). Die Zuhörer machen sich Notizen.

Im **7. Arbeitsschritt** findet eine lehrergelenkte Aussprache statt. Die Schüler äußern sich zu den beiden Debattendurchgängen (Grundlage sind die gemachten Notizen). Sie nennen Auffälligkeiten und Einsichten, stellen Fragen und diskutieren einzelne Punkte. Der Lehrer gibt Impulse (inhaltlich und methodisch) und beantwortet noch offene Fragen.

Notizen:

06 Bilanz einer langen Herrschaft – eine Debatte zur Politik Ludwigs XIV. führen

„Mit seinem Tod verlor Frankreich einen seiner größten, fähigsten und bedeutendsten Herrscher, dessen Regierung die französische Monarchie nach innen und außen nachhaltig geprägt und dessen Leistung weit über die französischen Grenzen hinaus vielfältige Nachahmung gefunden hat."

Ludwig XIV. – Bilanz einer langen Herrschaft

Ludwig XIV. starb am 1. September 1715 im Alter von 76 Jahren. Während seiner Amtszeit konnte er seine größten Erfolge im Bereich der Außenpolitik erzielen. Frankreich war unter seiner Regentschaft ein mächtigeres und größeres Reich geworden. International war es als Seemacht anerkannt. Frankreich stellte das wirtschaftliche und kulturelle Zentrum in Europa dar.

Ludwig XIV. steht für den monarchischen Absolutismus schlechthin, er hat diesen zwar nicht begründet, aber in Frankreich ausgebaut und verfestigt. Auf dem Feld der Innenpolitik zeichnete ihn insbesondere die effektive Stärkung der königlichen Zentralverwaltung aus, um so traditionelle Machtrivalen, den Adel zu schwächen. Dazu baute Ludwig konsequent ein straffes Netz aus dreißig Beamten auf, die als Funktionsträger des Königs fungierten und so erfolgreich den Willen der Krone in den Provinzen durchsetzen konnten. Dies war sicherlich einer der wichtigsten Fortschritte seiner Herrschaft.

Seine wirtschaftlichen Reformen gehören zu den großen innenpolitischen Leistungen.

Ludwig XIV. ernannte Jean-Baptiste Colbert, den bekanntesten Förderer des Merkantilismus, zu seinem Generalkontrolleur der Finanzen und erneuerte somit das Finanzwesen in Frankreich.

Die Förderung von Manufakturen, der Ausbau von Handelswegen, der Abbau von Zöllen innerhalb Frankreichs und die Einführung einheitlicher Maße und Gewichte waren entscheidende Impulse für die Wirtschaft in Frankreich. Sie erblühte und finanzierte somit den königlichen Wohlstand. An diesem konnten jedoch nicht alle Menschen partizipieren. Durch die hohen Steuern, die auf dem dritten Stand lasteten, lebte weiterhin der größte Teil der Bevölkerung Frankreichs in Armut und Elend. Die ständigen Kriege verschärften die Not der Menschen. So wird verständlich, dass Zeitgenossen über den Tod des Königs schrieben, sie hätten Freudenfeiern bei den Bürgern und Bauern gesehen und miterlebt. Auch wird berichtet, dass die hungernde Bevölkerung beim Leichenzug seinen Sarg mit Steinen bewarf.

Beim Tode Ludwigs XIV. war Frankreich das reichste Königreich Europas mit überdurchschnittlichen Staatseinnahmen, welche die Finanzen anderer Staaten bei weitem übertraf. Allerdings betrugen die Staatsschulden durch die harten Anforderungen des Spanischen Erbfolgekrieges zwei Milliarden Livres, ein Betrag, der erst im Jahr 1725 endgültig getilgt war.

Ludwig förderte aus seinem absolutistischen Selbstverständnis heraus die Künste in seinem Land. Die Musik, Malerei, Bildhauerei und Architektur erreichten in diesem Jahrhundert einen Höhepunkt und prägten die weiteren Kunstepochen. Die französische Sprache wurde im gesamten europäischen Raum an den Höfen der Fürsten und Könige gesprochen.

Die größten Erfolge kann Ludwig im Bereich der Außenpolitik vorweisen. Er hinterließ ein mächtigeres, größeres und auch strategisch abgesichertes Frankreich, das nun endgültig als eine der führenden Seemächte anerkannt war. Allerdings musste Ludwig dafür lange Kriege führen, deren Kosten die große Masse der Bevölkerung zu tragen hatte. In der Folge seiner lebenslangen Kriege starben fast 1,2 Millionen Menschen, darunter viele Frauen, Kinder und Zivilpersonen.

Zu den Schattenseiten seiner Herrschaft gehören zweifellos die Repressionen gegenüber den Hugenotten, die beispielhaft für die religiöse Intoleranz der Epoche stehen und in ganz Europa auf ähnliche Weise stattgefunden haben. Unter Ludwig XIV. wurden Hugenotten getötet, aus dem Lande vertrieben oder gezwungen, zum Katholizismus überzutreten.

Der Sonnenkönig wurde immer wieder, je nach Epoche und politischer Ausrichtung, höchst unterschiedlich bewertet. So galt er den Republikanern als ein Scheusal der Autokratie und die nationalistischen Deutschen stilisierten ihn zum Raubkönig, der Deutschland im Würgegriff gehalten habe. Tatsächlich lieferte Ludwig durch seine aggressive Expansionspolitik den Deutschnationalen ein Argument für die deutsch-französische Erbfeindschaft. Viele andere hingegen sehen in ihm einen pflichtbewussten und umsichtigen Monarchen, der bereits Prinzipien der Aufklärung vorwegnahm.

In Frankreich wird er bis heute für seine tatkräftige Steigerung der nationalen Größe verehrt und zu den mit Abstand bedeutendsten Persönlichkeiten der französischen Geschichte gezählt.

LS 07 Aufklärung – Was ist das?

		Zeitrichtwert	Lernaktivitäten	Material	Kompetenzen
1	PL	5′	L gibt einen Überblick über den Ablauf der bevorstehenden Stunde.		- einen Sachtext zielgerichtet lesen und markieren - Sachinformationen aufgabengebunden strukturieren - ein Schaubild entwerfen - Lernergebnisse visualisieren - Lernprodukte vor der Klasse präsentieren - Fragen zum Lernstoff formulieren
2	EA	10′	S lesen und markieren in stiller Einzelarbeit den Infotext (M1).	M1	
3	PA	10′	S klären Verständnisfragen und strukturieren die markierten Informationen.	M1, Heft	
4	GA	15′	S erstellen in Vierergruppen ein Schaubild.	Heft, Folie, DIN-A3-Blätter	
5	PL	10′	Ausgeloste Tandems präsentieren das Schaubild.		
6	PL	15′	L präsentiert ein „Musterschaubild".	M2 (auf Folie)	
7	EA	10′	S formulieren Fragen auf vorgegebene Antworten (M3).	M3	
8	PA	10′	S vergleichen Ergebnisse mit einem Partner.	M3	
9	PL	5′	Auflösung im Plenum.	M4	

Erläuterungen zur Lernspirale

Ziel der Doppelstunde ist, die Aufklärung als einen bis heute folgenreichen Entwicklungsschritt für die Menschheit zu begreifen. Während der Zeit des Absolutismus hatte diese bereits Einfluss auf absolutistische Herrscher (vgl. LS 08).

Zum Ablauf im Einzelnen:
Im **1. Arbeitsschritt** erläutert der Lehrer das Vorgehen für die folgende Stunde.

Im **2. Arbeitsschritt** erhalten die Schüler einen Grundlagentext zur Aufklärung (M1), den sie in Einzelarbeit lesen und unter Berücksichtigung der zentralen Frage: „Was ist Aufklärung?" markieren.

Im **3. Arbeitsschritt** gehen die Schüler in Partnerarbeit daran, wichtige Inhalte herauszuarbeiten, zu besprechen und so zu strukturieren, dass sie ein zusammenfassendes Schaubild ergeben können.

Im **4. Arbeitsschritt** erstellen die Schüler in ausgelosten Vierergruppen einen Schaubild-Entwurf in ihrem Heft und übertragen diesen dann auf eine OHP-Folie oder ein DIN-A3-Blatt. Sie nutzen dazu ihre im 3. Arbeitsschritt gemachten Notizen und arbeiten dabei mit verschiedenen Überschriften, Farben und Formen.

Im **5. Arbeitsschritt** präsentieren jeweils zwei ausgeloste Mitglieder einer Gruppe ihre Ergebnisse im Plenum. Je nach Zeitfortschritt kommen mehrere Tandems an die Reihe. Der Lehrer korrigiert und ergänzt bei Bedarf inhaltlich.

Im **6. Arbeitsschritt** stellt der Lehrer den eigenen Tafelbildentwurf (M2) vor und kommentiert sowohl diesen als auch die unterschiedlichen Produkte der Schülergruppen hinsichtlich wichtiger Gestaltungsmerkmale eines Schaubildes.

Im **7. Arbeitsschritt** formulieren die Schüler zur Vertiefung Fragen zu vorgegebenen Antworten auf einem Arbeitblatt (M3).

Nach Erledigung der Aufgabe in stiller Einzelarbeit vergleichen und besprechen die Schüler ihre formulierten Fragen im **8. Arbeitsschritt** mit einem Partner. Dazu gehen sie nochmals mit ihren Partnern aus dem 3. Arbeitsschritt zusammen.

Im **9. Arbeitsschritt** erfolgt eine Auflösung im Plenum: ausgeloste Schüler lesen ihre Fragen und die dazugehörigen Antworten vor. Der Lehrer korrigiert bei Bedarf und sammelt altenative Fragenformulierungen. Steht noch ausreichend Zeit zur Verfügung, kann der Lehrer abschließend alle Fragen nochmals im Plenum stellen. Die Schüler antworten dann ohne Hilfsmittel.

Tipps

Die Schaubilder können entweder bereits während der Gruppenarbeit des 4. Arbeitsschritts von den Schülern auf Folie/DIN-A3-Blättern angefertigt werden oder aber im Heft gestaltet und erst bei der Präsentation vom Lehrer auf das entsprechende Präsentationsmedium kopiert werden.

Alternativ zum Verlauf dieser Lernspirale kann den Schülerm zum Ausgangstext auch ein unvollständiges Tafelbild vorgegeben werden, das sie mittels gezielter Textlektüre und Gruppengesprächen vervollständigen. Denkbar wäre auch, den Schülern unterschiedliche „Puzzleteile" des Schaubildes zu präsentieren, die sich zu einem kompletten Bild zusammenfügen lassen.

Notizen:

07 Aufklärung – Was ist das?

Im 17. und 18. Jahrhundert löste sich das europäische Geistesleben endgültig von den Fesseln der Kirche. Die wissenschaftliche Erforschung der Erde war im Gang, die Möglichkeiten der Erkenntnis schienen unbegrenzt. Es begann das Zeitalter der Aufklärung (1750–1899).

Beginn und Auswirkungen der Aufklärung

Immanuel Kant

Was bedeutet „Aufklärung"? Der deutsche Philosoph Immanuel Kant lieferte die Erklärung: Aufklärung ist der „Ausgang des Menschen aus seiner selbst verschuldeten Unmündigkeit".
Mit seiner Forderung „Habe den Mut deinen eigenen Verstand zu gebrauchen!" hatte er so etwas wie einen Wahlspruch der Aufklärung formuliert.
Damit meinte er, dass der Mensch sich nicht von anderen vorschreiben lassen solle, was und wie man denken will und soll. Vorurteile und Aberglauben sollten bekämpft werden.

Die Voraussetzungen für die Aufklärung wurden schon seit dem späten 16. Jahrhundert durch die neu entstehenden modernen Naturwissenschaften gelegt. So gelangten der englische Mathematiker, Physiker und Astronom Sir Isaac Newton und der deutsche Mathematiker Gottfried Wilhelm von Leibniz durch methodischen Vernunftgebrauch zu neuen Grundlagen der Wissenschaften, mit denen sich die Geheimnisse der Natur enträtseln ließen.
Träger dieser Geistesrichtung der Aufklärung war das Bürgertum. Es marschierte vorneweg, wenn es um technische Neuerungen und wissenschaftlichen Fortschritt ging. Mit seinen Idealen Vernunft, Mut zur Kritik, geistiger Freiheit, religiöser Toleranz und Erziehung zur Humanität trieb es die Aufklärung stark voran.
Absolutistische Herrscher entsprachen nicht den Idealen der Aufklärung: Wo die Aufklärer Vernunft, Freiheit und Tugend predigten, lebten die Monarchen ihren Untertanen Unvernunft, Unfreiheit und Unmoral vor. Die meisten Philosophen der Aufklärung versuchten, den Absolutismus im eigenen Sinne zu verbessern – als aufgeklärten Reformabsolutismus.
Die Aufklärung als eine große einheitliche Bewegung gab es nicht. Das lag zum einen daran, dass es viele Strömungen und unterschiedliche Persönlichkeiten gab, die sich Gedanken machten.
Zum anderen war das Interesse der Aufklärer umfassend und wirkte sich auf zahlreiche Lebensbereiche aus. Es richtete sich auf Fragen der Pädagogik genauso wie auf die Literatur, die Philosophie, die Geschichte und die Naturwissenschaften. Auch vor der Religion machte es nicht halt. Auf wirtschaftlichem und gesellschaftlichem Gebiet wirkte sich die Aufklärung als Liberalismus aus. Das bedeutete: Gewerbe, Handel und Wettbewerb sollten frei sein und ohne staatliche Bevormundung auskommen. Wenn alle nach Gewinn strebten, würden daraus wirtschaftlicher Aufschwung und Wohlstand für alle erwachsen. „Laissez faire, laissez passer (lasst machen, lasst gehen)" lautete die Parole.
Politische Sprengkraft entwickelte die Aufklärung auf dem Gebiet der Staatslehre.
Das aufklärerische Denken stellte folgende Rechtsprinzipien auf:

- Jeder Mensch ist frei geboren.
- Um Herrschaftsverhältnisse herzustellen, bedarf es eines Konsenses aller Betroffenen.
- Der Staat beruht auf einem Gesellschaftsvertrag.
- Der Staat muss die angeborenen Menschenrechte wie Recht auf Leben, Freiheit, Eigentum, Streben nach Glück schützen.
- Aus den Rechten des Einzelnen ergeben sich die Grenzen der Staatsgewalt und der Gedanke der Gewaltenteilung.

Der Engländer John Locke und der Franzose Charles de Montesquieu formulierten die Lehre von der Volkssouveränität, der Gewaltenteilung und dem Widerstandsrecht. In absolutistischen Staaten waren die drei Gewalten (Exekutive, Legislative und Judikative) in einer Hand und unter alleiniger Kontrolle des Machthabers.
Mit der Gewaltenteilung meinte er die Verteilung der Staatsgewalt auf die Exekutive (vollziehende Gewalt), die Legislative (gesetzgebende Gewalt) und die Judikative (richterliche Gewalt) mit dem Ziel, den Missbrauch von Macht durch die gegenseitige Kontrolle der drei Gewalten zu verhindern und die bürgerlichen Rechte zu schützen.
Für die Demokratien, die sich in England und den USA entwickelten, waren das bestimmende Elemente.

Es gab aber auch bereits eine radikale Variante. Diese stammte von dem Genfer Schriftsteller und Pädagogen Jean-Jacques Rousseau. Sie ging von einem Gesellschaftsvertrag aus, in dem alle Gewalt beim Volk liegt, die sie der Regierung für eine bestimmte Zeit überträgt. Rousseau führte aber eine wichtige Unterscheidung ein: Der Wille des Volkes sei nicht mengenmäßig zu verstehen als Wille aller, sondern als Gesamtwille, der auf das Gemeinwohl zielt. Und dieser Gesamtwille könne auch von einer Minderheit getragen sein. Damit hatte Rousseau das Tor zur Französischen Revolution (1789) aufgestoßen. Dort trieben zum Teil kleinste Gruppen die revolutionäre Entwicklung voran mit der Behauptung, Träger des Gesamtwillens zu sein und das Richtige zu tun, egal ob die große Masse mitmachte oder nicht.

Die Aufklärung wurde zum geistigen Wegbereiter der modernen Revolutionen von 1776 (USA) und 1789 (Französische Revolution) und wirkte sich auf alle Lebensbereiche aus (z.B.: Pädagogik, Wirtschaft, Industrialisierung, Glaube). Die Ideen der Aufklärung sind bis heute lebendig.

Begriffserklärungen:

Ideal: erstrebtes Ziel
Humanität: Menschlichkeit
Philosoph: (sinngemäß auch „Denker") ein Mensch, der danach strebt, Antworten auf grundlegende Fragen über die Welt und über das Verhältnis des Menschen zu seiner Umwelt zu finden
Reform: in der Politik eine größere, planvolle und gewaltlose Umgestaltung bestehender Verhältnisse und Systeme
Pädagogik: Erziehungswissenschaft
Souveränität: Herrschaftsgewalt eines Staates
Gewaltenteilung: Aufteilung der staatlichen Macht in Gesetzgebung, Rechtsprechung und Verwaltung

AUFKLÄRUNG – Was ist das?

Voraussetzungen:
- neu entstehende Wissenschaften
- Enträtselung der Welt

Aufklärung laut Immanuel Kant:

„Aufklärung ist der Ausgang des Menschen aus seiner selbstverschuldeten Unmündigkeit."

„Habe den Mut dich deines eigenen Verstandes zu bedienen!"

Bekannte Persönlichkeiten der Aufklärung:

u.a. John Locke,
Charles de Montesquieu,
Jean-Jacques Rousseau

AUFKLÄRUNG

ca. 1750–1899

Bürgertum als Träger der neuen Ideen:

Ideale:
Vernunft,
Mut zur Kritik,
geistige Freiheit,
religiöse Toleranz,
Erziehung zur Humanität.

Neue Auffassungen über Staat, Wirtschaft, Pädagogik, Literatur, Philosophie, Geschichte, Religion und die Naturwissenschaften.

Folgen/Auswirkungen der Aufklärung:

- Veränderung der Stellung der Menschen in der Welt und zur Natur
- Wegbereiter moderner Revolutionen
- Auswirkungen auf alle Lebensbereiche
- Vorstellungen der Aufklärung schaffen Grundlage für die Menschenrechte
- bis heute sind die Ideen der Aufklärung lebendig

Trage in die linke Tabellenhälfte die Fragen ein, auf die rechts jeweils Antwort gegeben wird. Achte darauf, dass Fragen und Antworten eindeutig zueinander passen.
Du findest Hinweise auf mögliche Fragestellungen im Infotext zur Aufklärung.

Nr.	Fragen	Antworten
1		Der deutsche Philosoph Immanuel Kant lieferte die Erklärung: Aufklärung ist der „Ausgang des Menschen aus seiner selbst verschuldeten Unmündigkeit".
2		Das Zeitalter der Aufklärung begann ca. 1750 und dauerte bis 1899.
3		„Habe Mut, dich deines eigenen Verstandes zu bedienen."
4		Die neu entstehenden modernen Naturwissenschaften.
5		Das Bürgertum.
6		Vernunft, Mut zur Kritik, geistige Freiheit, religiöse Toleranz und Erziehung zur Humanität.
7		Das Interesse der Aufklärer war umfassend. Es richtete sich auf Fragen der Pädagogik genauso wie auf die Literatur, die Philosophie, die Geschichte und die Naturwissenschaften. Auch vor der Religion machte es nicht halt.
8		Jeder Mensch ist frei geboren.
9		Gewerbe, Handel und Wettbewerb sollten frei sein und ohne staatliche Bevormundung auskommen.
10		John Locke (England), Charles de Montesquieu (Frankreich), Jean-Jacques Rousseau (Frankreich)
11		Legislative, Exekutive, Judikative
12		Die Gewaltenteilung bedeutet: Verteilung der Staatsgewalt auf die Exekutive (vollziehende Gewalt), die Legislative (gesetzgebende Gewalt) und die Judikative (richterliche Gewalt) mit dem Ziel, den Missbrauch von Macht durch die gegenseitige Kontrolle der drei Gewalten zu verhindern und die bürgerlichen Rechte zu schützen.
13		Die Aufklärung wurde zum geistigen Wegbereiter der modernen Revolutionen von 1776 (USA) und 1789 (Französische Revolution) und wirkte sich auf alle Lebensbereiche aus (z.B.: Pädagogik, Wirtschaft, Industrialisierung, Glaube).

Lösungen

Nr.	Fragen	Antworten
1	Was versteht man unter dem Begriff „Aufklärung"?	Der deutsche Philosoph Immanuel Kant lieferte die Erklärung: Aufklärung ist der „Ausgang des Menschen aus seiner selbst verschuldeten Unmündigkeit".
2	Welchen Zeitraum umfasst das Zeitalter der Aufklärung?	Das Zeitalter der Aufklärung begann ca. 1750 und dauerte bis 1899.
3	Wie lautet der Wahlspruch der Aufklärung?	„Habe Mut, dich deines eigenen Verstandes zu bedienen."
4	Wer schuf die Voraussetzungen für die Aufklärung?	Die neu entstehenden modernen Naturwissenschaften.
5	Wer war Träger dieser Geistesrichtung?	Das Bürgertum.
6	Welches waren die Ideale des Bürgertums?	Vernunft, Mut zur Kritik, geistige Freiheit, religiöse Toleranz und Erziehung zur Humanität.
7	Welche Interessensgebiete hatten die Aufklärer?	Das Interesse der Aufklärer war umfassend. Es richtete sich auf Fragen der Pädagogik genauso wie auf die Literatur, die Philosophie, die Geschichte und die Naturwissenschaften. Auch vor der Religion machte es nicht halt.
8	Welches zentrale Rechtsprinzip stellte das aufklärerische Denken auf?	Jeder Mensch ist frei geboren.
9	Wie wirkte sich die Aufklärung auf wirtschaftlichem Gebiet aus ?	Gewerbe, Handel und Wettbewerb sollten frei sein und ohne staatliche Bevormundung auskommen.
10	Wie heißen bekannte Aufklärer und woher kamen sie?	John Locke (England), Charles de Montesquieu (Frankreich), Jean-Jacques Rousseau (Frankreich)
11	Wie nennt man die drei Gewalten in einem Staat?	Legislative, Exekutive, Judikative
12	Was versteht man unter dem Begriff der Gewaltenteilung?	Die Gewaltenteilung bedeutet: Verteilung der Staatsgewalt auf die Exekutive (vollziehende Gewalt), die Legislative (gesetzgebende Gewalt) und die Judikative (richterliche Gewalt) mit dem Ziel, den Missbrauch von Macht durch die gegenseitige Kontrolle der drei Gewalten zu verhindern und die bürgerlichen Rechte zu schützen.
13	Welches waren die politischen Folgen der Aufklärung?	Die Aufklärung wurde zum geistigen Wegbereiter der modernen Revolutionen von 1776 (USA) und 1789 (Französische Revolution) und wirkte sich auf alle Lebensbereiche aus (z.B.: Pädagogik, Wirtschaft, Industrialisierung, Glaube).

LS 08 Friedrich II. – aufgeklärter Absolutismus in Preußen

		Zeitrichtwert	Lernaktivitäten	Material	Kompetenzen
1	PL	5′	L gibt einen Überblick über den Ablauf der bevorstehenden Stunde.		- einen Sachtext zielgerichtet lesen und markieren - eine Tabelle erstellen - eigene Meinung bilden und begründen - Lernergebnisse visualisieren - Lernprodukte vor der Klasse präsentieren
2	EA	10′	S lesen und markieren in stiller Einzelarbeit den Infotext und bearbeiten dazu arbeitsteilig Aufgaben.	M1–4	
3	PA	10′	S klären Verständnisfragen und ergänzen ihre Arbeitsergebnisse.	M1-4, Heft	
4	GA	15′	S erstellen eine Übersichtstabelle auf Folie.	Heft, Folie	
5	PA	15′	S präsentieren Folien in Zufallsgruppen.	Heft, Folie	
6	PL	15′	S präsentieren Folien im Plenum. Reflexion und Feedback durch L.	Folie	
7	PA	10′	S erstellen Fragen und Antworten zu Friedrich II. und der Epoche des Absolutismus.	Heft	
8	PL	10′	S spielen mit den Fragen ein Quiz im Plenum.	Heft	

Erläuterungen zur Lernspirale

Ziel der Doppelstunde ist, dass sich die Schüler mit der Frage auseinandersetzen, ob Friedrich II. von Preußen ein aufgeklärter Staatsmann oder ein absolutistischer Herrscher war. Friedrich II. verwirklichte einige Forderungen der Aufklärer. Da er aber weiterhin absolut regierte, bezeichnet man seine Regierungszeit als „aufgeklärten Absolutismus".

Zum Ablauf im Einzelnen:
Im **1. Arbeitsschritt** erläutert der Lehrer das Vorgehen für die folgende Stunde. Je nachdem, ob im Stoffverteilungsplan des Faches vorgesehen ist, die Gedanken der Aufklärung vor, während oder nach dem Absolutismus zu behandeln, ist es ratsam, die Begrifflichkeiten vor dem 2. Arbeitsschritt in einem Unterrichtsgespräch oder in einem Lehrervortrag entsprechend zu thematisieren. Als Hilfe sollen dabei die Kurzerklärungen (M1) dienen, sodass auch bei geringen Vorkenntnissen über die Aufklärung die Anforderungen der Doppelstunde bewältigt werden können.

Die Schüler bearbeiten im **2. Arbeitsschritt** den vorliegenden Infotext (M4) arbeitsteilig. Dazu erhält die Hälfte der Klasse die Auftragskarte M2, die andere Hälfte M3. Sie markieren die entsprechenden Informationen im Text und notieren die Infos in Tabellenform ins Heft.

Im **3. Arbeitsschritt** besprechen die Schüler mit den auftragsgleichen Sitznachbarn Unklarheiten oder Verständnisfragen, die sie während des Lesens notiert haben. Anschließend werden Arbeitsergebnisse schriftlich ergänzt (siehe Tipps).

Im **4. Arbeitsschritt** werden Vierergruppen gebildet (je zwei Schüler mit Auftragskarte M2 und zwei mit M3). Sie erstellen gemeinsam eine Tabelle, in der sie absolutistische Elemente der Herrschaftsauffassung von Friedrich II. auf der einen Seite und aufklärerische Elemente auf der anderen Seite gegenüberstellen. Diese Tabelle wird von allen Gruppenmitgliedern ins Heft notiert. Zusätzlich wird eine OHP-Folie der Tabelle für die spätere Präsentation im Plenum angefertigt. Alternativ kann die Tabelle auch mithilfe anderer gängiger Medien visualisiert werden (DIN-A3-Plakat, Moderationskarten, Powerpoint, Word-Datei auf USB-Stick für Whiteboard etc.)

Im **5. Arbeitsschritt** präsentieren jeweils zwei Mitglieder einer Gruppe ihre Ergebnisse zwei Mitgliedern einer Nachbargruppe. Es bietet sich an, dass immer zwei Mitglieder einer Gruppe im Uhrzeigersinn zu einer Nachbargruppe wechseln (zwei Schüler wechseln den Platz, zwei bleiben sitzen) . Diese Präsentation läuft wechselseitig ab, sodass alle Schüler einmal präsentieren müssen.

Im **6. Arbeitsschritt** präsentieren ausgeloste Tandems ihre Tabelle im Plenum mithilfe ihrer OHP-Folie. Der Lehrer ergänzt und korrigiert bei Bedarf inhaltlich und gibt auch ein Feedback zu den Kriterien einer guten OHP-Folie.

Im **7. Arbeitsschritt** formulieren die Schüler zwei bis vier Fragen und die jeweiligen Antworten (Anzahl je nach Zeitfortschritt) zu wichtigen Textinhalten in ihr Heft.

Im **8. Arbeitsschritt** lesen die Schüler ihre Fragen im Plenum vor und ausgeloste Klassenmitglieder beantworten sie. Der Lehrer moderiert das Quiz, korrigiert und ergänzt bei Bedarf und fordert von den Schülern eine begründete, abschließende Einschätzung: Friedrich II.– ein aufgeklärter Staatsmann oder ein absolutistischer Herrscher?

✓ Merkposten
OHP-Folien und abwaschbare Stifte in ausreichender Anzahl bereitstellen.

Tipps
Beim Ergänzen von Arbeitsergebnissen sollte der Lehrer darauf achten, dass Informationen nicht durch einfaches Abschreiben aus einem anderen Heft übernommen werden. Ergänzende Informationen werden grundsäzlich nur mündlich im Sinne einer lernrelevanten Kommunikation weitergegeben, d.h. durch Erklärung und anschließende Wiederholung. Erst dann darf notiert werden.

08 Friedrich II. – aufgeklärter Absolutismus in Preußen

LS 08.M1 Begriffserklärungen

Aufklärung

Europäische Geistesrichtung im 18. Jh., die auf die Kraft des Verstandes vertraute.
Durch vernünftiges Denken sollten Vorurteile und Unwissenheit aufgeklärt werden.
Forderungen waren: Gleichheit der Menschen, Toleranz gegenüber Andersdenkenden und Freiheit des Einzelnen.

Aufgeklärter Absolutismus

Herrschaftsform vor allem in der zweiten Hälfte des 18. Jh.
Friedrich II. von Preußen und Kaiser Josef II. verfügten zwar weiterhin über alle Machtmittel des absoluten Fürsten, jedoch wollten sie ihre Staaten vernünftig zum Wohle der Untertanen leiten.

LS 08.M2 Auftragskarte „Aufklärung"

A1 Lies die Quelle.

A2 Markiere die Grundgedanken der Quelle farbig, die du dem Prinzip der Aufklärung zuschreibst.

A3 Notiere in einer Tabelle in Stichpunkten die aufklärerischen Elemente derHerrschaftsauffassung Friedrichs II.

A4 Tausche dich mit einem Partner über deine Ergebnisse aus.

LS 08.M3 Auftragskarte „Absolutismus"

A1 Lies die Quelle.

A2 Markiere die Grundgedanken der Quelle farbig, die du dem Prinzip des Absolutismus zuschreibst.

A3 Notiere in einer Tabelle in Stichpunkten die absolutistischen Elemente der Herrschaftsauffassung Friedrichs II.

A4 Tausche dich mit einem Partner über deine Ergebnisse aus.

Auszüge aus dem „Politischen Testament" Friedrichs II. von Preußen aus dem Jahr 1752

Die erste Bürgerpflicht ist, seinem Vaterlande zu dienen. Ich habe sie in allen verschiedenen Lagen meines Lebens zu erfüllen gesucht. Als Träger der höchsten Staatsgewalt hatte ich die Gelegenheit und die Mittel, mich meinen Mitbürgern nützlich zu erweisen. [...]
Ich habe mich entschlossen, niemals in den Lauf des gerichtlichen Verfahrens einzugreifen; denn in den Gerichtshöfen sollen die Gesetze sprechen und der Herrscher soll schweigen. [...]
Der Herrscher soll das Gleichgewicht zwischen Bauer und Edelmann erhalten, sodass sie einander nicht zugrunde richten. [...] Den Bauern ist zu verwehren, dass sie Ländereien von Adeligen kaufen, und die Adeligen sind am Bauernlegen[1] zu verhindern. [...]
Soll das Land glücklich sein, will der Fürst geachtet werden, so muss er unbedingt Ordnung in seinen Finanzen halten. Noch nie hat eine arme Regierung sich Ansehen verschafft [...].
Da aber die Akzise[2], wenn sie schlecht aufgelegt wird, den Handel und die Manufakturen schwer schädigen kann, so habe ich die Tarife ungefähr nach folgenden Grundsätzen verbessert: Freie Einfuhr für die Rohstoffe, die unsere Manufakturen verarbeiten [...] . Zollfreie Ausfuhr für alle bei uns hergestellten Erzeugnisse, um ihren Absatz im Ausland zu steigern und entsprechend mehr Arbeiter bei uns zu halten. Hohe Zölle auf ausländische Erzeugnisse und Fabrikwaren [...] die wir entbehren können, weil sie im Lande selbst angefertigt werden [...].
Katholiken, Lutheraner, Reformierte, Juden und zahlreiche andere christliche Sekten wohnen in Preußen und leben friedlich beieinander. Wenn der Herrscher aus falschem Eifer auf den Einfall käme, eine dieser Religionen zu bevorzugen, so würden sich sofort Parteien bilden und heftige Streitereien ausbrechen. Allmählich würden Verfolgungen beginnen, und schließlich würden die Anhänger der verfolgten Religion ihr Vaterland verlassen, und Tausende von Untertanen würden unsere Nachbarn mit ihrem Gewerbefleiß bereichern und deren Volkszahl vermehren. Für die Politik ist es völlig belanglos, ob ein Herrscher religiös ist oder nicht [...] und man muss auf die große Masse so weit Rücksicht nehmen, dass man ihre religiösen Gefühle nicht verletzt, einerlei, welchem Glauben sie angehören. [...]
In einem Staat wie Preußen ist es durchaus notwendig, dass der Herrscher seine Geschäfte selbst führt. Denn ist er klug, wird er nur dem Staatsinteresse folgen, das auch das seine ist. [...] Eine gut geleitete Staatsregierung muss ein ebenso fest gefügtes System haben wie ein philosophisches Lehrgebäude. Alle Maßnahmen müssen gut durchdacht sein, Finanzen, Politik und Heerwesen auf ein gemeinsames Ziel steuern: nämlich die Stärkung des Staates und das Wachstum seiner Macht. Ein System kann aber nur aus einem Kopfe entspringen; also muss es aus dem des Herrschers hervorgehen. [...] Der Herrscher ist der erste Diener des Staates. Er wird gut besoldet, damit er die Würde seiner Stellung aufrecht erhalte. Man fordert aber von ihm, dass er werktätig für das Wohl des Staates arbeite und wenigstens die Hauptgeschäfte mit Sorgfalt leite. [...]

1 Beschlagnahme von Bauernhöfen durch adelige Großgrundbesitzer
2 Indirekte Steuer, die von den Städten bezahlt wurde

LS 09 Vorbereitung der Klassenarbeit – ein Arbeitsblatt erstellen

		Zeitrichtwert	Lernaktivitäten	Material	Kompetenzen
1	PL	5′	L gibt einen Überblick über den Ablauf der bevorstehenden Stunde.		- konstruktiv und kreativ mit Lernpartnern zusammenarbeiten - ein strukuriertes, differenziertes Arbeitsblatt herstellen - Lernstoff der Unterrichtseinheit wiederholen und transferieren - Wissen einprägen, vernetzen und behalten
2	EA	5′	S sichten bisherigen Unterichtsstoff der Lehrplaneinheit.	bisherige Materialien/Aufzeichnungen	
3	PA	15′	S formulieren Aufgabenstellungen und Fragen.	Arbeitsmaterialien, Blankoblätter	
4	PA	10′	S beraten und ergänzen Aufgabenstellungen mit neuen Partnern.	Arbeitsmaterialien, Blankoblätter	
5	GA	20′	Je zwei Tandems päzisieren das Aufgabenset.	Arbeitsmaterialien, Blankoblätter	
6	EA	20′	S gestalten das Arbeitsblatt.	Arbeitsmaterialien, Blankoblätter	
7	PL	15′	S erproben und reflektieren die Arbeitsblätter.	Arbeitsblätter	

✓ Merkposten

Für die Erstellung der Arbeitblätter sollten den Schülern ausreichend Buntstifte, Bleistifte, Lineale, Scheren, Klebemittel, Blankoblätter etc. zur Verfügung stehen.

Erläuterungen zur Lernspirale

Ziel der Doppelstunde ist, die Inhalte der Lehrplaneinheit zu wiederholen und sich auf die bevorstehende Klassenarbeit durch die Entwicklung eines Arbeitsblattes vorzubereiten.

Zum Ablauf im Einzelnen:
Im **1. Arbeitsschritt** erläutert der Lehrer das Vorgehen für die folgende Stunde.

Im **2. Arbeitsschritt** sichten die Schüler die gesamten bisher bearbeiteten Unterrichtsmaterialien zum Lernstoff (Hefteinträge, Informationstexte und benutzte Spickzettel im Heft, Schulbuch etc.). Sie überlegen, welchen Aufbau und Zuschnitt ihr zu entwickelndes Arbeitblatt haben kann.

Die Schüler formulieren im **3. Arbeitsschritt** geeignete Aufgaben. Sie gehen paarweise (Zulosung) daran, geeignete Aufgabenstellungen für ihr Arbeitsblatt zu formulieren (Fragen, Zuordnungsaufgaben, Zeichnungen, Multiplechoice-Aufgaben, Beschreibungsaufgaben etc.). Kriterien: die Aufgaben sollten relevant, übersichtlich und abwechslungsreich sein. Der Lehrer kann als Leitfaden mögliche Aufgabentypen und inhaltliche Pflichtbausteine an der Tafel oder an einer Pinnwand vorgeben.

Im **4. Arbeitsschritt** werden die Aufgabenstellungen beraten. Die Schüler vergleichen und besprechen ihre Aufgabenideen mit neuen Lernpartnern (Tandems mit gleichen Ziffern gehen zusammen, nachdem vorher durchgezählt wurde – z.B.: zweimal bis 14). Sie ergänzen ihre Ideen gegebenenfalls und entwickeln gemeinsam weitere Aufgabenstellungen.

Im **5. Arbeitsschritt** wird das Aufgabenset präzisiert. Je zwei Tandems aus dem 4. Arbeitsschritt gehen zusammen (Nachbartische), verständigen sich auf ein „pfiffiges" Aufgabenset und formulieren die entsprechenden Aufgaben aus.

Das Arbeitsblatt wird im **6. Arbeitsschritt** gestaltet. Die Schüler bleiben in Gruppen sitzen, aber jeder gestaltet für sich das abgestimmte Arbeitsblatt. Bei Bedarf können sie sich wechselseitig beraten.

Im **7. Arbeitsschritt** findet die Erprobung und eine Reflexion statt. Die erstellten Arbeitsblätter werden ausgetauscht und versuchsweise bearbeitet. Es bietet sich an, ausgeloste oder ausgewählte Arbeitsblätter zu kopieren und der ganzen Klasse zugänglich zu machen. Diese werden im Anschluss an die Bearbeitung durch die Schüler im Plenum ausgewertet und besprochen. Die Schüler korrigieren sich dabei gegenseitig. Eine gezielte Reflexion und eine lehrergelenkte Aussprache schließen sich an.

Notizen:

Arbeitsteilige Gruppenarbeit: Die Klasse wird in mehrere Gruppen mit unterschiedlichen Arbeitsaufträgen und/oder Materialien aufgeteilt. Das arbeitsteilige Vorgehen kann themengleich oder themendifferenziert angesetzt werden.

Doppelkreis (auch Kugellager): Die Schüler sitzen oder stehen sich in einem Innen- und Außenkreis paarweise gegenüber und halten sich wechselseitig Vorträge, führen Interviews etc. Die Hälfte der Klasse ist also mündlich aktiv.

Einzelarbeit (EA): Die Schüler sind bei der Bearbeitung des jeweiligen Arbeitsauftrags auf sich alleine gestellt und gehen in Stillarbeit daran, bestimmte Aufgaben zu lösen.

Expertengruppe: Dieser Begriff ist doppeldeutig: Von einer Expertengruppe kann zum einen dann die Rede sein, wenn alle Gruppenmitglieder parallel am gleichen Thema arbeiten und diesbezüglich zu Experten werden (siehe auch Stammgruppe), eine Expertengruppe liegt aber auch dann vor, wenn die einzelnen Gruppenmitglieder Spezialisten für unterschiedliche Gebiete sind (siehe auch Mischgruppe).

Feedback: Die Schüler geben Mitschülern oder auch Lehrern Rückmeldungen zu bestimmten Arbeitsphasen bzw. Arbeitsweisen. Das Feedback folgt bestimmten Regeln und sollte auf jeden Fall fair und ermutigend sein.

Gruppenarbeit (GA): Die Schüler arbeiten in Kleingruppen mit in der Regel 3–5 Mitgliedern zusammen. Die Gruppenarbeit kann aufgabengleich oder aufgabendifferenziert angelegt sein.

Gruppenpuzzle: Ein gestuftes Verfahren der arbeitsteiligen Gruppenarbeit. In der ersten Stufe erhalten die Schüler unterschiedliche Aufgabenstellungen und gehen diese in Einzelarbeit durch. In der zweiten Stufe finden sie sich in aufgabengleichen Stammgruppen zusammen und besprechen/klären ihre spezifischen Fragen und Sichtweisen. In der dritten Stufe werden die Stammgruppenmitglieder so gemischt, dass mehrere Mischgruppen mit unterschiedlichen Spezialisten entstehen. Die betreffenden Spezialisten tragen ihre „Expertisen" vor und stellen sich den Fragen und/oder Anregungen der „Laien". In der vierten Stufe schließlich können die Schüler nochmals in ihre Stammgruppen zurückkehren, um eine abschließende Dokumentation zu ihrem Spezialgebiet zu erstellen.

Kartenspiel: Kartenspiele helfen, Gruppen zu bilden oder bestimmte Präsentatoren auszulosen. In Frage kommen fertige Kartenspiele (Skat- oder Rommeekarten) oder spezifische Kartensets, die man selbst erstellen kann (Glückwunsch-, Ziffern- oder Begriffskarten).

Kooperative Präsentation: Zum Abschluss einer Gruppenarbeit präsentieren zwei oder mehr Schüler das jeweilige Gruppenergebnis. Die Präsentatoren können ausgelost werden. Die Präsentation muss so vorbereitet werden, dass die betreffenden Sprecher in etwa gleichgewichtig zu Wort kommen.

Laiengruppe: Damit sind jene Schüler gemeint, die ein bestimmtes Thema nicht eigens bearbeitet haben und deshalb „Laien" sind, wenn dieses Thema präsentiert wird (vgl. auch Gruppenpuzzle).

Lehrervortrag: Die Lehrkraft präsentiert/erläutert lernrelevante Sachverhalte an der Tafel oder in anderer Weise im Plenum. Damit wird den Schülern „Futter" für die Eigenarbeit gegeben.

Lernprodukte: Produkte, die am Ende eines Arbeitsprozesses von Schülern stehen. Das können eigene Texte, Zeichnungen, Schaubilder, Tabellen, Diagramme, Briefe, Kommentare, Mindmaps, Plakate, Wandzeitungen, Kollagen, Gedichte, Hörspiele, technische Werkstücke etc. sein.

Losverfahren: Die Schüler werden nach dem Zufallsprinzip gruppiert. Das kann durch Abzählen, Nummern auf Arbeitsblättern oder durch Ziehen von Spielkarten, Puzzleteilen, Symbolkarten, Namenskarten etc. geschehen.

Mischgruppen: Die Mitglieder unterschiedlicher Stammgruppen werden quer gemischt, sodass sich in jeder Mischgruppe mindestens ein Vertreter aller Stammgruppen findet.

Murmelgruppe: Eine Gruppe, deren Mitglieder Gelegenheit erhalten, sich leise und auf kurze Zeit zum jeweiligen Input/Thema/Material zu unterhalten, um etwaige Verständnisprobleme abzubauen.

Museumsrundgang: Die Schüler sichten alleine oder in Gruppen die im Klassenraum aushängenden bzw. ausliegenden Lernprodukte, holen Informationen ein und besprechen etwaige Unklarheiten.

Partnerarbeit (PA): Die Schüler arbeiten paarweise zusammen und berichten, helfen und unterstützen sich gegenseitig.

Partnerinterview: Die Schüler stehen sich als Experten und Journalisten paarweise gegenüber und interviewen sich zum einen oder anderen Thema bzw. Sachverhalt.

Plenum (Pl): Arbeitsphasen, in denen die Gesamtgruppe der Schüler angesprochen wird – durch Lehrervorträge, lehrergelenkte Unterrichtsgespräche oder Schülerpräsentationen.

Pro-und-Kontra-Debatte: Die Schüler sitzen sich in Pro-und-Kontra-Formation gegenüber und argumentieren rollengebunden zum einen oder anderen Thema. Dazu erhalten sie in der Regel entsprechende Materialien, die auszuwerten und in die Debatte einzubringen sind.

Rollenspiel: Das Hineinschlüpfen einzelner Schüler in spezifische Rollen, um bestimmte Personen, Gespräche oder Konflikte in spielerischer Weise abzubilden.

Spickzettel: DIN-A7-Kärtchen, auf dem sich ein Schüler das Wichtigste zu einem bestimmten Thema stichwortartig notiert. Die Zahl der Wörter kann z.B. auf 10 begrenzt werden; Skizzen, Symbole und andere grafische Elemente können hinzukommen. Der Spickzettel sollte gut strukturiert sein und dient z.B. als Lernhilfe oder als Gedächtnisstütze bei Präsentationen.

Stammgruppe: Schülergruppe, die arbeitsgleich an einem bestimmten Arbeitsauftrag arbeitet (siehe auch Gruppenpuzzle).

Tandemarbeit (TA): Zwei Schüler arbeiten gemeinsam an einer Aufgabe. Sie lösen gemeinsam Probleme, halten sich wechselseitig Vorträge, unterstützen sich gegenseitig etc. (siehe auch Partnerarbeit).

Tandempräsentation: Die Präsentation der Arbeitsergebnisse vor der Klasse erfolgt zu Zweit. Die Präsentation kann gleichberechtigt erfolgen; sie kann aber auch so aussehen, dass ein Schüler als Hauptpräsentator und ein zweiter als Assistent ausgelost wird.

Touch-Turn-Talk: Regel zum verständlichen Präsentieren an einer Pinnwand/Tafel: „Touch" = zuerst wird etwas an der Tafel angebracht, „Turn" = dann dreht man sich bewusst zu den Zuhörern, „Talk" = erst dann beginnt die verbale Präsentation.

Zufallsgruppe/Zufallstandem: Gruppen- bzw. Tandembildung mittels Abzählen, Spielkarten, Puzzlebildung, Namenskärtchen oder anderen Formen des Losverfahrens.

Zufallsprinzip: Grundsatz, dass bei der Gruppenbildung oder bei der Auswahl von Präsentatoren auf den Zufall gesetzt und ausgelost wird.

Weitere Begrifflichkeiten werden im Internet unter www.klippert-medien/glossar.de erklärt